社会化媒体下的
互联网金融

The Internet Finance Platform With Social Media

余军 著

南方日报出版社
NANFANG DAILY PRESS
中国·广州

图书在版编目（CIP）数据

社会化媒体下的互联网金融 / 余军著. — 广州 :南方日报出版社, 2015.12
ISBN 978-7-5491-1348-4

Ⅰ. ①社… Ⅱ. ①余… Ⅲ. ①互联网络－应用－金融－研究 Ⅳ. ①F830.49

中国版本图书馆 CIP 数据核字(2015)第 286033 号

社会化媒体下的互联网金融 SHEHUIHUA MEITI XIA DE HULIANWANG JINRONG

著　　者：余　军
出版发行：南方日报出版社
地　　址：广州市广州大道中 289 号
经　　销：全国新华书店
印　　刷：广州星河印刷有限公司
开　　本：889mm×1194mm　1/16
印　　张：18.75
字　　数：80 千字
版　　次：2015 年 12 月第 1 版
印　　次：2015 年 12 月第 1 次印刷
定　　价：60.00 元

投稿热线：（020）87373998-8503　读者热线：（020）87373998-8502

网址：http://www.nanfangdaily.com.cn/press　http://www.southcn.com/ebook

关于余军：

凭什么85后的他能运营两家百亿平台？

这是一个故事，一个有关余军和他的互联网金融梦的故事。

对财富的梦想，在每个改革的时代都具有两面性，它可以击倒一些人，也可以成就一些人。这一点，在中国急遽变迁的近30年里，尤显突出。

2015年11月19日，总部位于深圳的小牛在线累计成交额突破100亿元，从成立之初到上线运营，仅仅两年半的时间已经一跃成为华南区域互联网金融行业前三、全国前十，这是余军到小牛在线担任COO一职的第四个月。

余军，就是这个互联网金融时代所成就的人，草根出身的他是屌丝逆袭的一个典型，也可以归结入同一时代企业家的拼搏路径。

在采访中，余军对于互联网金融的敏感度令人印象深刻，正如百度的一位高管所形容的：“跟他聊天，你会感觉到他思维的活跃度就如同互联网发展的速度一样快，他的骨子里仿佛是天生的互联网基因携带者。”

站上互联网金融的“风口”，余军说他也不知道会被带到未来的哪个地方，但是他想趁着年轻，多折腾一下，多尝试一下，未来的路也许会有多种可能性。

抓住“风口”，选择比努力重要

2010年，余军毕业于华南理工大学，那时候互联网的发展如日中天，瞄准时机的他开始经营起电商，并成功运营了两家电商公司，一个是入驻天猫的婴童服装品牌“琪比小美屋”，另外一个就是广州酒家。

“当时初做电商，知道这个很烧钱，但是我们在没有任何推广费的情况下，广州酒家一年做了3000万元的销售额，而同时间广州酒家线下全国销售额才10亿元。”在谈及初涉电商时，余军颇以为傲。

在电商领域的扎根，以及对互联网电商的敏感度，几年之后余军成为中国企业自媒体智库专家委员、中国电子商务研究中心特派研究员。丰富的电商运营经验，让余军被聘为中山大学EMBA班实战电子商务邀约讲师、广东财经大学电子商务客座教授，彼时的余军不过25岁。

2012年淘宝电商几近饱和，烧钱愈演愈烈，敏锐的余军已经开始寻找下一个“风口”。2014年自媒体兴起，年初余军就在广州成立一家新媒体营销公司，主要服务于像“无限极”这类大客户。“这段经历让我更深入了解品牌推广的脉搏——以内容为核心，抓住根本，接近人心。”余军说。

机缘巧合之下，余军加入方兴未艾的互联网金融，成为PPmoney的首席运营官。在余军的助推下，PPmoney仅用两年多的时间，累计成交额达到173亿元，彼时的余军年仅26岁。

事实上，余军刚开始并不喜欢别人问他年龄，因为太年轻，所以刚开始别人会质疑，质疑他的能力，质疑他能否承压，质疑他处理事情是否足够成熟，“但我每一次都能在质疑中获得足够大的成就感。现在倒是很喜欢别人说我年轻，虽然长得比较着急”。余军开始自嘲起来，但这种自嘲充满了自信。

余军的每一次转身，看上去都很成功，对此，余军认为，选择比努力重要。当你选择一条正确的路时，会事半功倍。成功是1%的天分还有99%的汗水，但其实是1%的天分起主导作用，然而这并不意味努力不重要。余军说他不喜欢没有选择的努力，“这很可怕，我也不喜欢没有规划的选择，这会让人迷茫”。

崇尚简单高效的管理方式

在当天的采访过程中，采访一度中断，开会、面试……这是余军每天的工作状态。而在采访途中，余军还出去面试了一位某银行总行的风控高管。

“人才难求，我宁愿把两个人的钱用在一个有能力的人身上，小牛在线未来的用人机制也是如此。我们目前就采取淘汰机制，如果每个月业绩考核垫底，我们直接淘汰。”言语之下，流露出与年龄不相符的成熟。“身上的责任会让你做事越来越严谨，我喜欢简单高效的沟通方式。”余军如此说道。

在他的办公桌旁，摆放着一块黑板。余军自语，黑板是为了便捷迅速的沟通，喜欢有条理的讲解，而不是夸夸其谈，更喜欢简单高效的沟通方式。高管开会基本上都会在他办公室，有时候一个决策甚至只用5分钟就开始执行了。

例如，8月底余军想做一款主打消费金融的产品“小牛钱包”，花了一个晚上跟管理层商量之后，就定下目标，在9月30日让“小牛钱包”App上线。最后产品运营团队确实也做到了，“小牛钱包”确实是做出来了，但还未正式上线，主要是因为没找到合适的风控管理层。

而对于小牛在线未来的发展，余军表示，只专注于两件事：一个是合规，另外一个就是创新。“小牛在线一直在扎根做的事情就是做个人对个人的普惠金融，纯中介平台，而且目前已经与广发银行签订了资金托管协议，我们在合规方面一直走在业内前列。创新方面，我认为我们的普惠金融领域还不够深入，这也是我想做‘小牛钱包’的原因，主要发力于消费金融领域，集中在3000—5000元的消费金融。未来我不敢确定，但是愿意去做更多的尝试。”余军坦诚道。

说起如今的互联网金融行业，余军坦言，网络借贷+第三方机构的合作模式很难把控风险，严谨的他甚至还在黑板上画了三幅图：第一幅图是资产图，即资产是一个金字塔模型，“利率越低，资产相对优质”；第二幅图，投资者市场则是一个倒三角模型，“利率最高的在最下面”；第三幅图，借款人也是一个倒三角模型，“利率越低，借款人越多，相对优质”。

“只有这样的三个模型才是相互匹配的”，余军表示，所以小牛在线坚持做个人对个人的小额信贷，“很多做个人对机构的，除非是标准资产，要不然风险很大”。

尤为值得一提的是，风险集中程度是由业务形式决定的，真正的小额借贷风险是难以集中爆发的，而小牛在线的借款人平均金额控制在3万—5万元，并且统一由中央决策引擎进行风控把握，这也是余军引以为傲的风控体系。

余军的“大品牌”战略

当然，除了注重风控，余军对于品牌形象的建设也是大精力投入，并多次对外声称，小牛在线未来要走的是“大公关、大品牌”战略。早在电商烧钱抢夺生机的岁月里，余军就有了宣传企业的意识，高调做事似乎已成了他的风格。

“只要关乎公司合规或者创新的一举一动，他都要搞一场发布会，小型的发布会时常有，大的发布会每年也有两三场。这个行业初入确实门槛很低，好像很多人都能做，所以他一直想拉高这个行业的门槛。”小牛在线内部的一位高管如此评价。

在自称屌丝经济的互联网金融领域，余军认为，屌丝都有逆转高富帅的心，小牛在线不仅要满足这部分客户人群，未来的业务拓展也会向高净值人群靠近。

余军介绍，小牛在线在打造品牌影响力方面，接下来的动作是准备请国内一线明星代言小牛在线。“我们需要一些公信力的建设，这正是我们自信和有底气的地方，”他如此说道，“大公关战略并不意味小牛在线会进入电商模式烧钱营销，比如近期的深圳金博会，我们就并没有参与，只是租了个飞艇，费用两万元，不到展费的一半，但是传播效果很好。小牛在线的用户获取成本在业内是非常低的，200元以下。”

而在互联网金融步入“寡头化”的当下，想要企业既温且大，只靠一条腿走路显然很快就会触及行业的天花板，难以继续高速扩张，因此多元化发展也就成了余军把企业继续做大的唯一出路。

目前的小牛正在积极谋求转型去P2P化，并且开始深入布局消费金融领域。据余军介绍，小牛在线未来的业务发展会更加多元化、国际化。“我们会立足内外部市场环境，坚持‘两条腿’走路，一手抓基础业务，一手抓资本市场运作，以技术与人才为驱动，坚持做好金融服务的本质，将小牛打造成为一家国际性金融集团。”余军言语间透着对互联网金融的野心。

（采写：许莉芸）

目 录

第四章 新媒体运营 113

第一章

资本浪潮中如何把握互联网金融的脉搏

- 中国互联网体量
- 中国金融行业体量
- 互联网金融是中国互联网的创新支柱之一
- 互联网金融爆发式增长　VC/PE投资遍地开花
- 2014年互联网金融融资案例分布及估值
- 互联网金融水到渠成
- 互联网金融业务领域
- 互联网金融主要模式在中国的成熟度
- 如何应对资本的冬天
- 互联网理财以高学历70后、80后男性为核心人群
- 国内互联网理财发展之路

中国互联网体量

6.32亿人

2014年中国网民数量

7%—22%

预计从现在到2025年，

互联网对中国GDP增长贡献份额

7亿台

2014年中国智能终端设备数量

最高22%

预计从现在到2025年，

互联网对中国劳动生产力水平提高的贡献份额

13万亿元

2014年中国电商零售额

10万亿元

预计2025年，中国年GDP增长潜力幅度之差，

相当于澳大利亚目前全年GDP总额

7%

2014年中国的互联网经济占GDP的份额，

高于美国和德国水平

资料来源：麦肯锡全球研究院分析，商务部，CNNIC

中国金融行业体量

资料来源：人民银行、中国银行业协会、贝恩管理顾问公司、麦肯锡全球研究院分析

互联网金融是中国互联网的创新支柱之一

互联网在这些行业的应用将带来巨大的经济价值

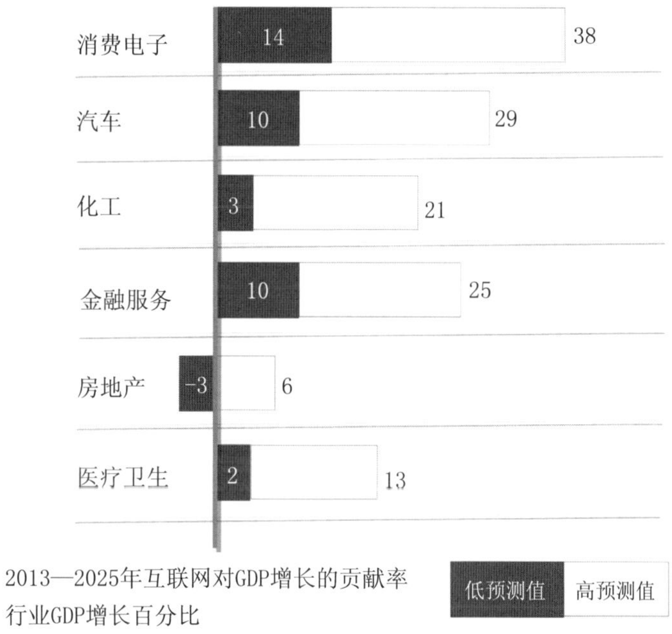

注：没有包含资金的重新分配对整体经济的影响

资料来源：麦肯锡全球研究院分析

2013—2025年互联网金融GDP增量为5000亿—1.2万亿元，占比总增加10%—25%，其中：

- 互联网金融新模式（2100亿—7650亿元）
- 互联网理财和投资产品（400亿—2000亿元）
- 互联网线上和线下支付（300亿—2050亿元）
- 更有效的营销、分销和客服（2410亿—3500亿元）

注：没有包含资金的重新分配对整体经济的影响

资料来源：麦肯锡全球研究院分析

互联网金融爆发式增长
VC/PE投资遍地开花

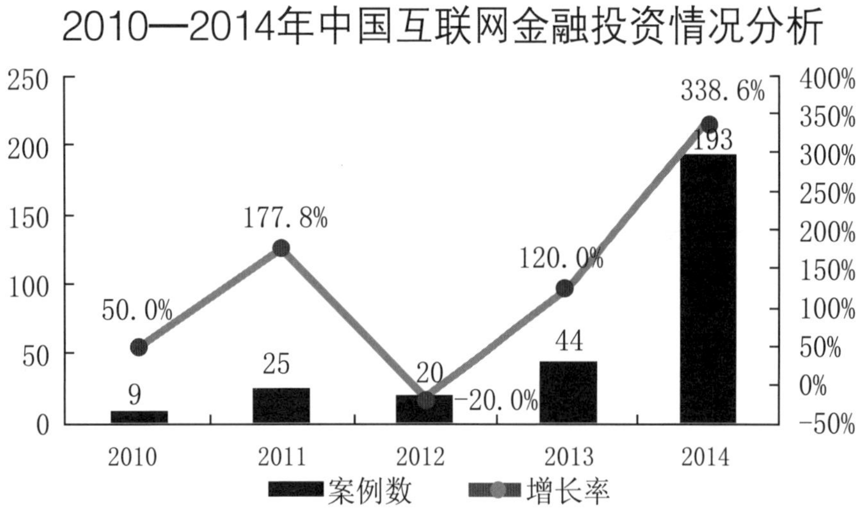

	2010年	2011年	2012年	2013年	2014年	CAGR（2010—2014年）
投资案例数（起）	9	25	20	44	193	115.19%
增长率	50.0%	177.8%	-20.0%	120.0%	338.6%	

资料来源：清科研究中心

注：VC/PE为风险投资和私募投资，CAGR为复活增长率

2010—2014年，中国互联网金融领域共有291起投资事件。

其中，2014年中国互联网金融共发生193起融资事件，超过2013年投资案例数三倍有余。披露金额161起，总投资金额达14.20亿美元，平均投资金额达882.12万美元。投资案例数和投资金额均创历年新高。

2014年，除冲击传统金融的货币基金外，P2P和众筹等多元化形式的互联网金融行业，对传统金融业的颠覆与重构，也引起业界的广泛关注。在金融准入市场逐步放开的背景下，各路资本将蜂拥而至。而目前我国的互联网金融领域还处于起步阶段，也给予了二级市场投资机会。

2014年互联网金融融资案例分布及估值

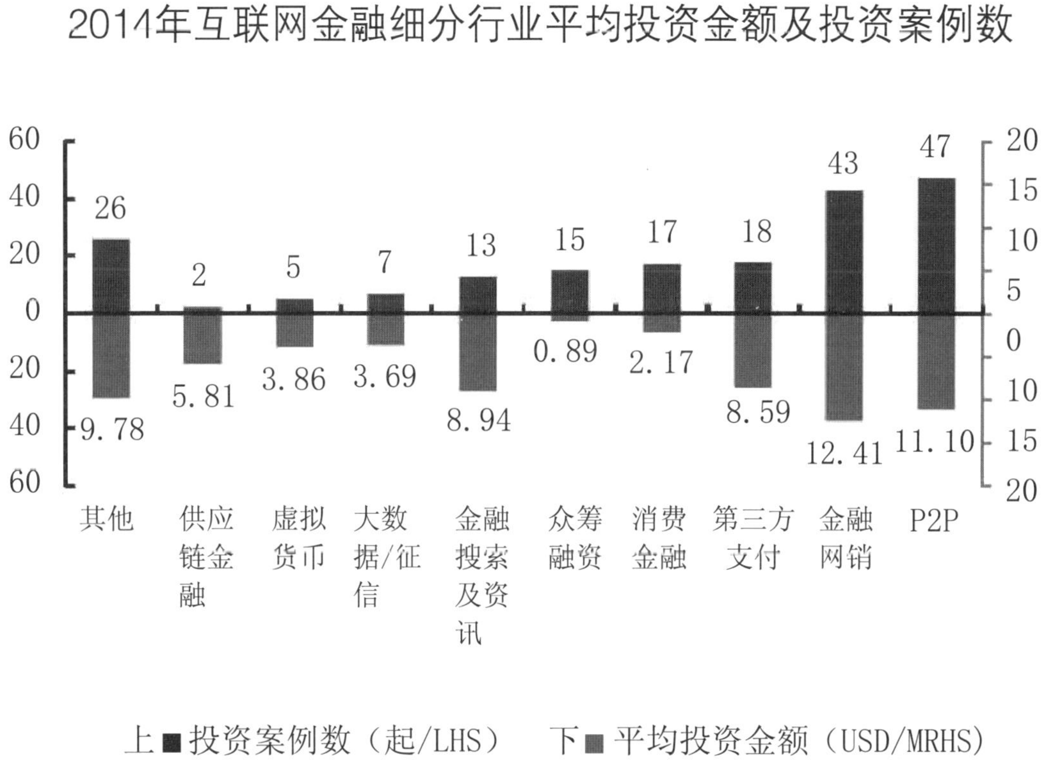
2014年互联网金融细分行业平均投资金额及投资案例数
60
40
20
0
20
40
60
20
15
10
5
0
10
15
20
26
2
5
7
13
15
17
18
43
47
9.78
5.81
3.86
3.69
8.94
0.89
2.17
8.59
12.41
11.10
其他
供应链金融
虚拟货币
大数据/征信
金融搜索及资讯
众筹融资
消费金融
第三方支付
金融网销
P2P
上■投资案例数（起/LHS） 下■平均投资金额（USD/MRHS）

	P2P	金融网销	第三方支付	消费金融	众筹融资	金融搜索及资讯	大数据/征信	虚拟货币	供应链金融	其他	合计
投资案例数（总）	47	43	18	17	15	13	7	5	2	26	193
投资案例数（披露金额）	42	36	13	15	11	11	6	4	2	21	161
投资金额（US$ M）	466.37	446.76	111.68	32.63	9.74	98.35	22.16	15.45	11.63	205.45	1420.22

资料来源：清科研究中心

2014年，在互联网金融行业中，P2P领域的投资案例数最多，占行业总案例数的24.35%。

金融网销是传统热门投资领域。

第三方支付中移动支付将是网络支付新的竞争战场，存在结构性创新的机会。

众筹、消费金融和大数据证信服务也有很高的市场接受度。

互联网金融水到渠成

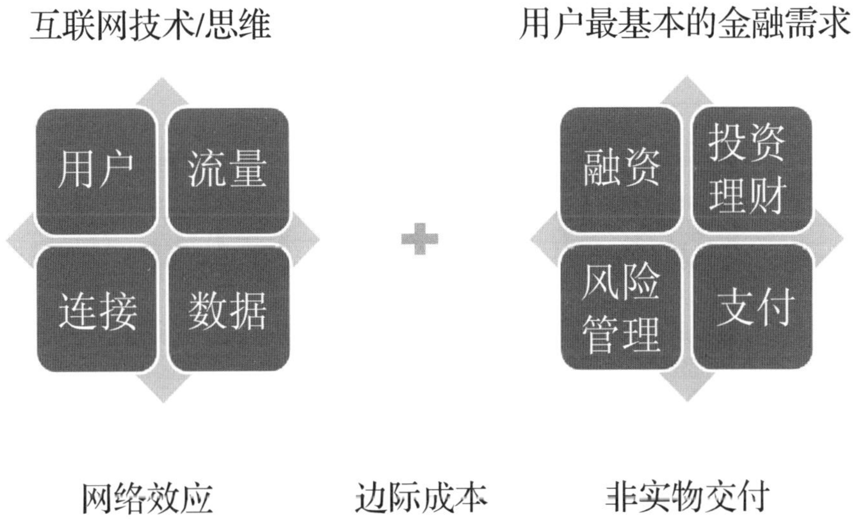
互联网技术/思维
用户最基本的金融需求
用户
流量
连接
数据
+
融资
投资理财
风险管理
支付
网络效应
边际成本
非实物交付

互联网金融业务领域

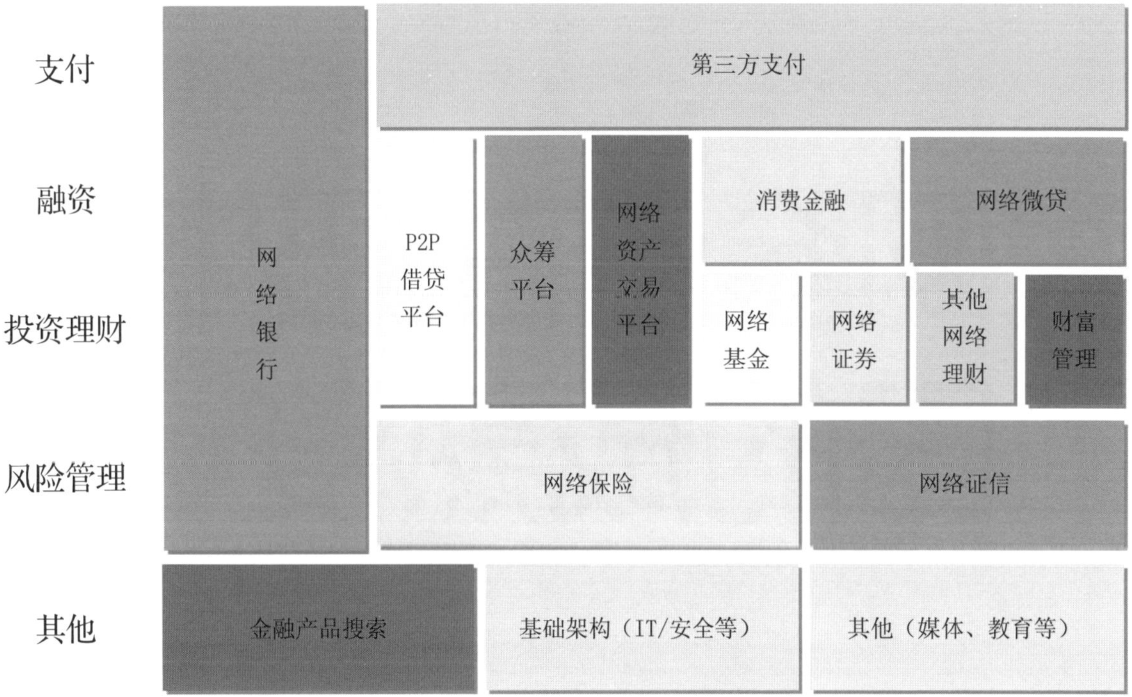
支付
融资
投资理财
风险管理
其他
网络银行
第三方支付
P2P借贷平台
众筹平台
网络资产交易平台
消费金融
网络微贷
网络基金
网络证券
其他网络理财
财富管理
网络保险
网络证信
金融产品搜索
基础架构（IT/安全等）
其他（媒体、教育等）

互联网金融主要模式在中国的成熟度

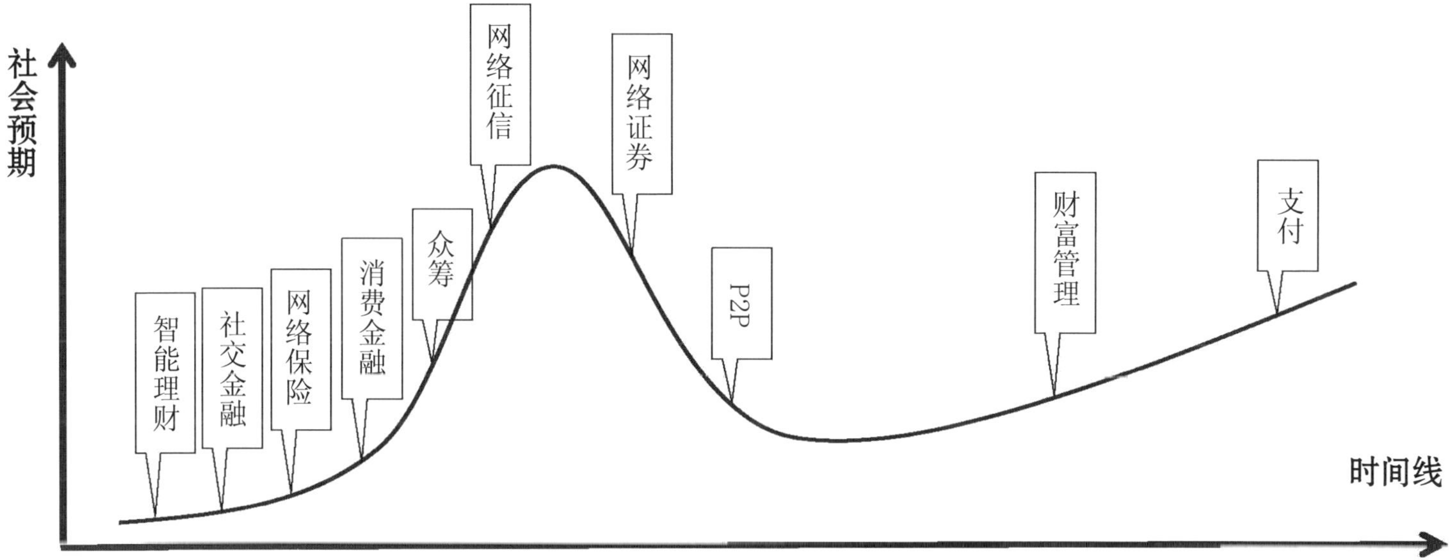

	萌芽期	期望鼓胀期	行业整合期	泡沫化低谷期	正规运作期
时期特点	从业者稀少；用户规模小；社会预期低，但弹性大。	从业者增多；用户规模放大；社会预期提高；监管初步介入。	恶性事件爆发；从业者规模增速放缓；社会预期趋于理性。	行业洗牌结束；劣质企业被淘汰；监管正式介入。	社会预期回归理性；监管深入；行业创新能力受限；寡头企业出现；行业交易规模稳步提升。

如何应对资本的冬天

- 股灾传导
- 资本冬天
- 监管出台

调整心态

- 加速储备粮草
- 不要纠结于估值

现金流管理

- 内生获客能力
- 与流量生产方合作

大有希望

- 市场是公平的
- 寻找细分蓝海
- 阶段匹配
- 互联网和金融能力并重
- 互联网基因

互联网理财以高学历70后、80后男性为核心人群

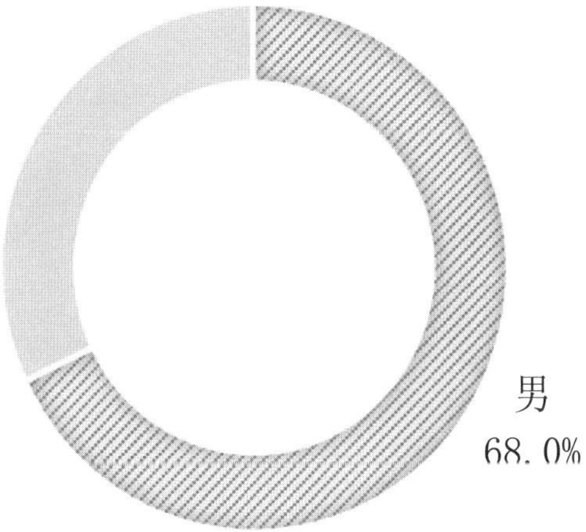

性别

男性为主流，占据七成份额

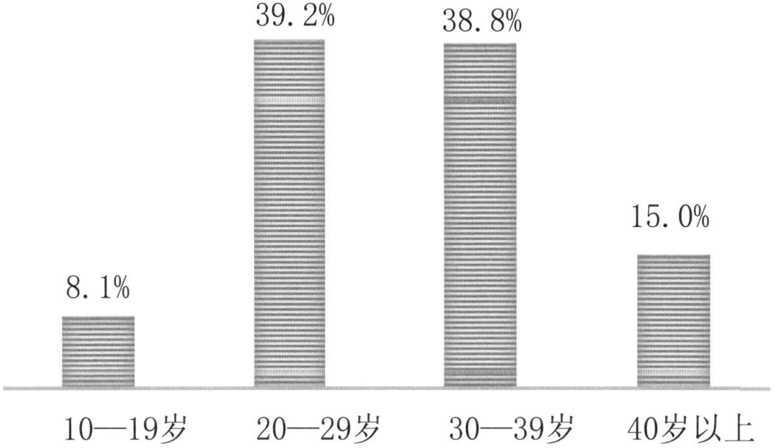

年龄

理财人群主要集中在20—39岁

数据来源：百度司南·人群画像

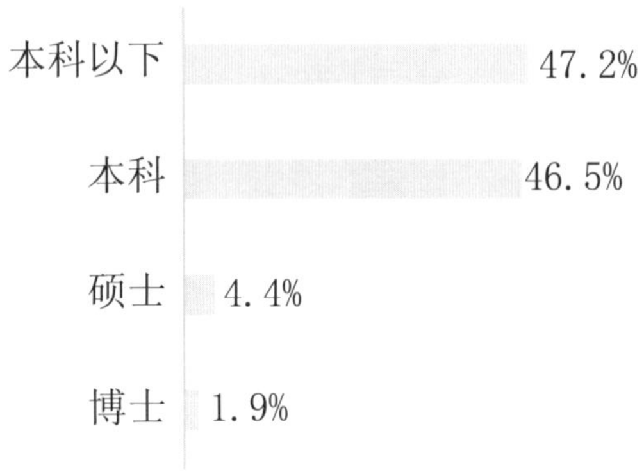

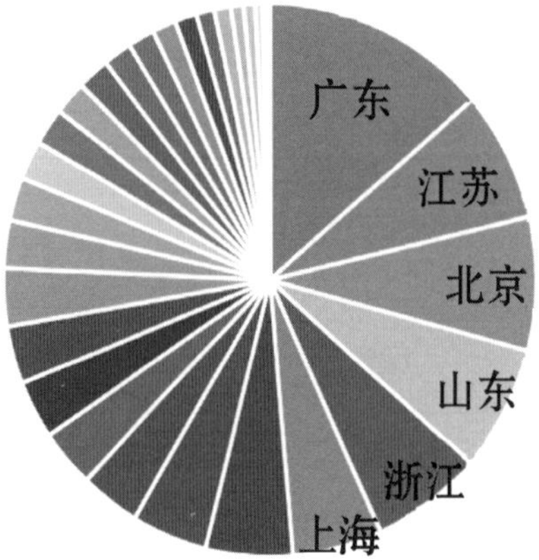

学历

受教育程度较高，本科及以上学历占到52.8%

地域

经济发达地区对互联网理财的需求更高

数据来源：百度司南·人群画像

国内互联网理财发展之路

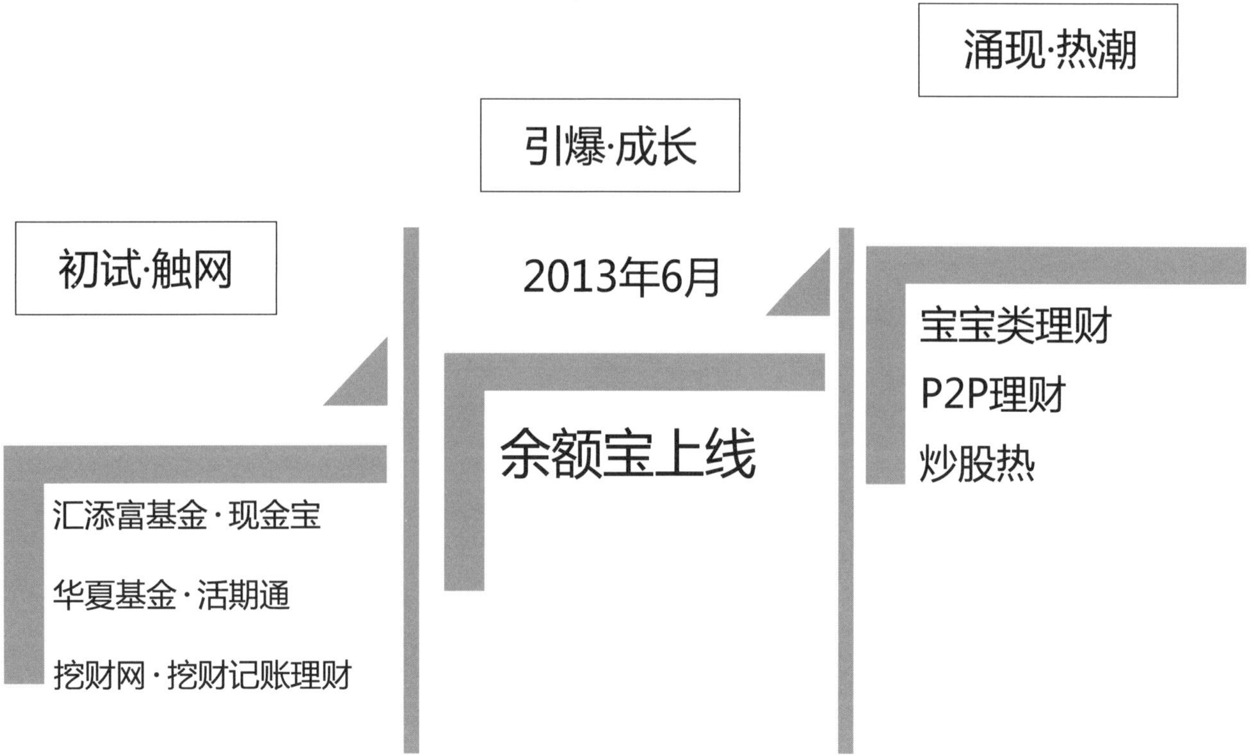
初试·触网
汇添富基金·现金宝
华夏基金·活期通
挖财网·挖财记账理财
引爆·成长
2013年6月
余额宝上线
涌现·热潮
宝宝类理财
P2P理财
炒股热

第二章

互联网金融定位及平台设计

- 商业哲学下的互联网思维
- 什么是互联网金融
- 互联网金融六大模式
- 传统金融企业如何开展互联网金融
- 传统金融企业开展互联网金融常见冲突
- 互联网金融产品如何定价
- 互联网金融产品如何设计

商业哲学下的互联网思维

时代特征	世界观	思维方式	商业哲学本体论
1.0时代 前互联网时代	一个世界： 现实世界约定俗成的观念	工业化思维： 控制秩序与按部就班	传统商业，体用结合， 大规模的单向传播， 大规模标准化生产
2.0时代 互联网时代	两个世界： 现实世界与虚拟世界，线上与线下	工业化思维： 效率是对传统的升级	线下为体，线上为用， 大规模标准化生产， 互联网是工具与渠道
3.0时代 移动互联网时代	整体世界： 虚拟现实连接一切，线上与线下的融合	互联网思维： 失控颠覆传统，开放，平台化，去中心化，自组织	线上为体，线下为用， 大规模个性化定制， 互联网是范式与哲学

什么是
互联网金融

互联网金融，并不是关于金融的加号**“金融+”**，不是多做一个网站，多做一个App，多开一个店，多搞一个营销团队。

相反，互联网金融是一个金融的减号**“金融-”**，减掉一切与最终融资直接沟通的障碍，减掉层层加价的中间渠道，减掉组织多余的架构层级，减掉一切可以外部化的内部交易，就是互联网金融。

互联网金融六大模式

互联网金融之所以跟银行融资和证券市场融资不一样，是因为互联网金融是更民主化的、大众化的金融模式。

下面总结当今互联网金融的六大模式。

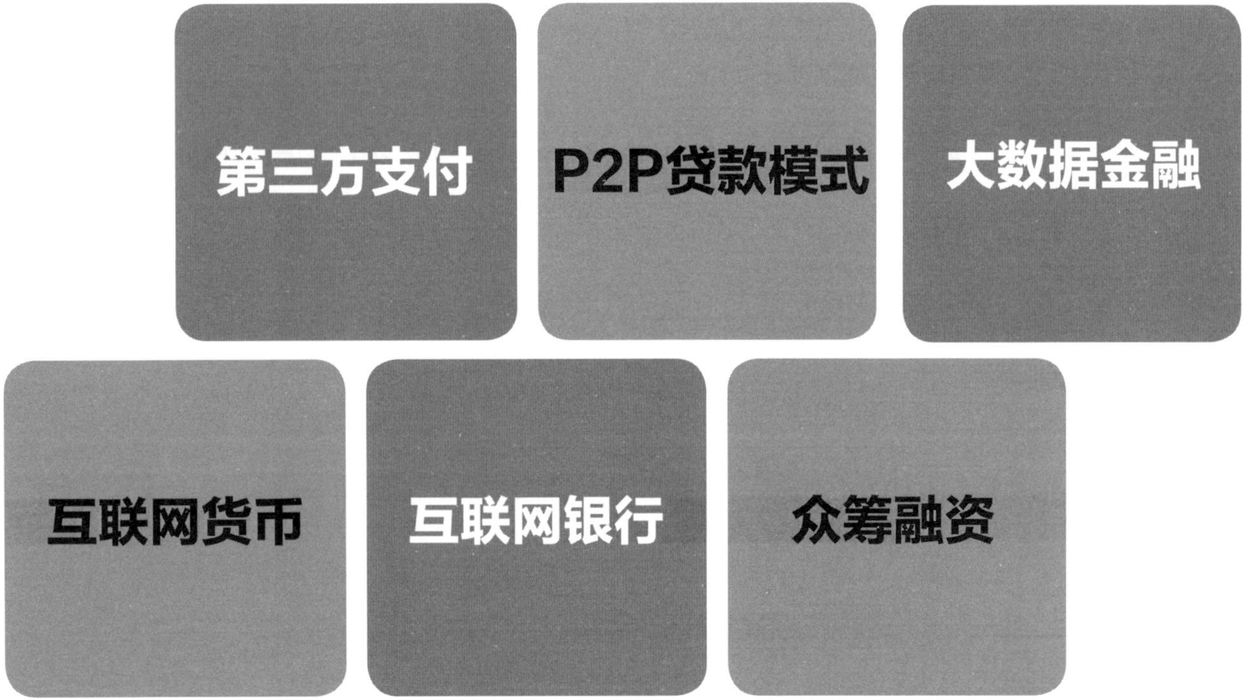
第三方支付
P2P贷款模式
大数据金融
互联网货币
互联网银行
众筹融资

互联网金融
颠覆性创新的两种模式

众筹	P2P

大家快给我钱吧！

——众筹的四种模式

债权众筹

——我给你钱，你还我本金和利息——

投资者对项目或公司进行投资，获得一定比例的债权，未来获取利息收益并收回本金。

股权众筹

——我给你钱，你给我公司股份——

投资者对项目或公司进行投资，获得一定比例的股权。

回报众筹

——我给你钱，你给我产品或服务——

投资者对项目或公司进行投资，获得产品或服务。

捐赠众筹

——我给你钱，你什么都不用给我——

投资者对项目或公司进行无偿捐赠。

传统金融企业如何开展互联网金融

传统金融开展互联网金融的困境

困惑之一：如何找到适合自己企业发展的互联网金融成功之路？

困惑之二：周围的企业都转型互联网金融，我却不知如何下手？

困惑之三：别人的互联网金融平台在赚钱，为什么我的没有？

困惑之四：互联网金融的竞争越来越激烈，怎么办？

困惑之五：如何在网络上快速盈利？

困惑之六：如何在网络上建立品牌，长期赚钱，多赚钱？

互联网金融平台的架构设计

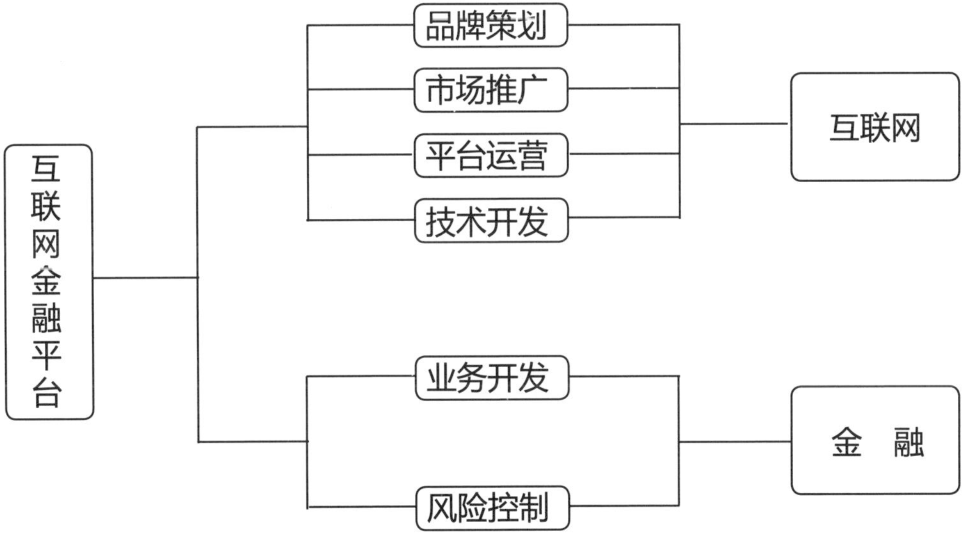

传统金融企业开展
互联网金融常见冲突

- 价格冲突：线上利率高，线下利率低
- 产品冲突：线上产品起步低，线下产品起步高
- 成本冲突：线上宣传成本高，起步难；线下人工成本高，发展难
- 品牌冲突：线上线下价格、产品、成本不一致带来平台冲突

互联网金融产品如何定价

- 价格由高到底，逐步降利率
- 价格一步到位，直接进入合理区间

互联网金融产品如何设计

金融产品是核心基础，符合互联网屌丝购买习惯——两高一低

（高安全、高收益、低门槛）

互联网金融产品的收益方式

投资服务费 + VIP年费 + 提现费 + 融资服务费 + 第三方担保费

互联网金融产品的费率计算方式

分天标和月标两种类别：利随本清、按月（天）付息到期付本、等额本息

具体计算公式如下：

$$P=\frac{A\cdot b\%\cdot(1+b\%)^{n}}{(1+b\%)^{n}-1}$$

P：每月还款额

A：借款本金

b：月利率

n：还款总期数

品牌选择与定位

- 先分再合（人人贷与友信合并成人人友信）
- 线上线下一个品牌（宜信）

第三章

互联网金融平台高效运营

- 平台搭建策略
- 商品定价策略
- 客户服务策略
- 品牌策略
- 公共关系策略
- 网络推广策略
- 移动推广策略

行业词条

待收余额、时间加权量、打新、踩雷、

组团、净值（标）、秒标

高效运营的蜂窝模型

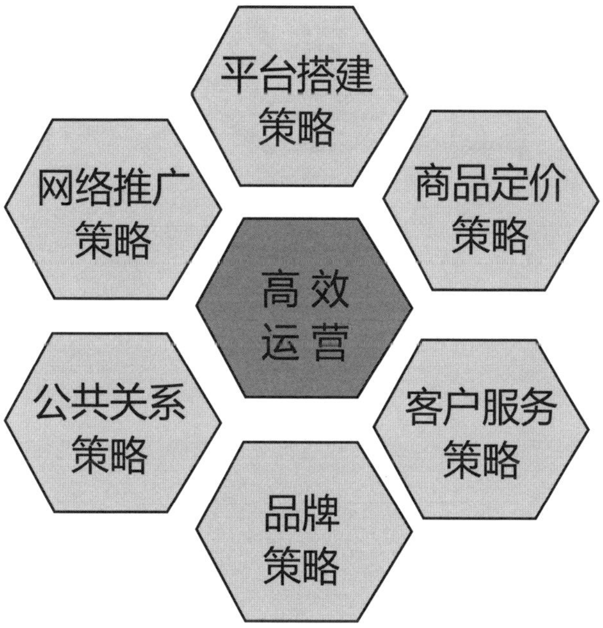

平台搭建策略

- 自建平台
- 先做加法，再做减法
- 重视UED
- 分清企业网站与销售型平台
- 注册、认证、充值、交易、回款、提现流程清晰
- 安全运维系统建设

注：UED为用户体验设计。

商品定价策略

背 景	产 品	行 情
平台由高息逐步降到低息：一步到位，直接发合理价格	考虑产品本身特征（例如：票据产品无法高，民间借贷低不了）	考虑市场行情、竞争对手

客户服务策略

- 用户分组管理
- 用户沟通方式
- 客服风格

用户分组管理

1. 按照投资额度

2. 按照活跃程度

3. 按照用户所在区域

用户沟通方式

1．站内信　2．短信　3．论坛　4．邮件

5．400电话　6．QQ群　7．在线客服

客服风格

——专业型VS暧昧型——

目前互联网金融有疯癫型、淑女型、重口味、小清新等

品牌策略

什么是品牌

品牌就是信任

公共关系策略

公关第一，广告第二

骂不死的互联网金融平台

人人贷

红岭创投

追溯公关本源，依旧内容为王

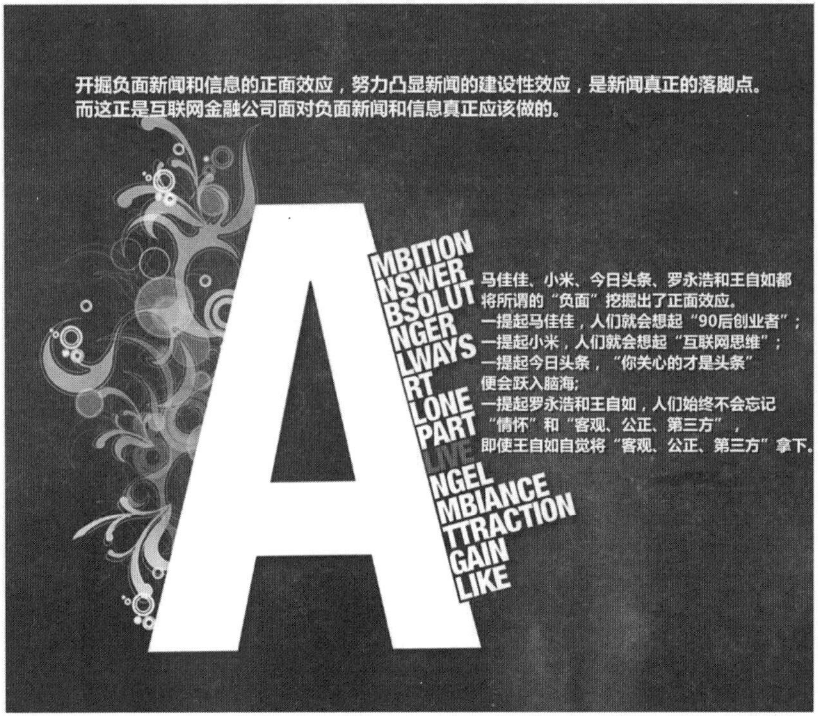

网络推广策略

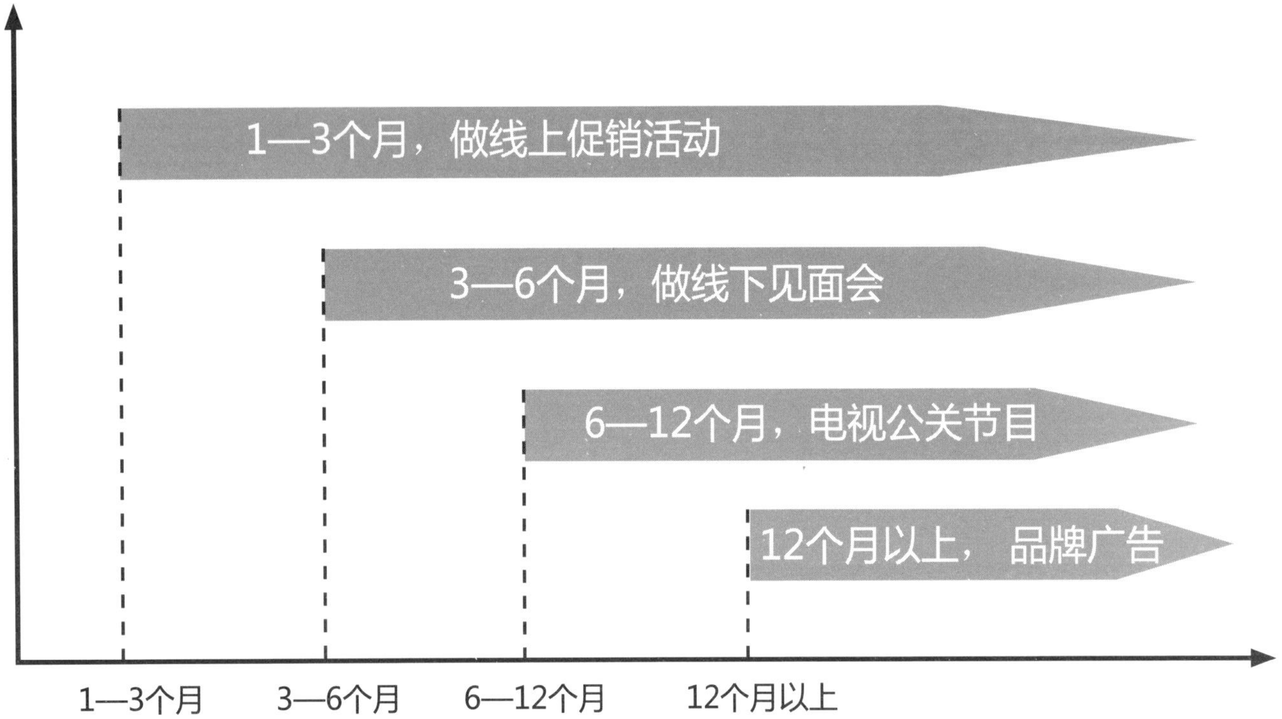
1—3个月，做线上促销活动
3—6个月，做线下见面会
6—12个月，电视公关节目
12个月以上，品牌广告
1—3个月
3—6个月
6—12个月
12个月以上

网络推广渠道策略

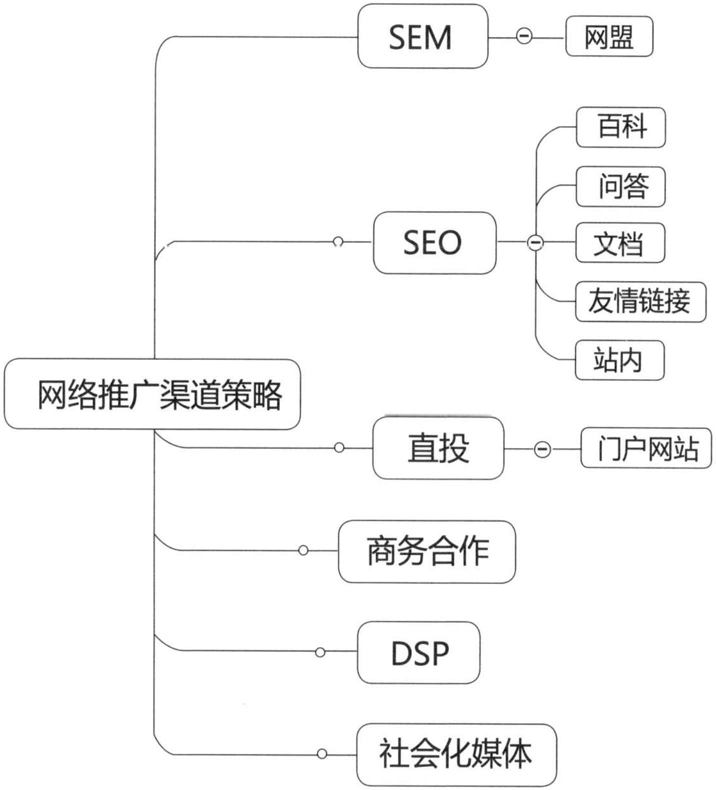

注：SEM为搜索引擎营销，SEO为搜索引擎优化，DSP为数字信号处理。

不懂CRM

你的广告费白花

注：CRM即客户关系处理。

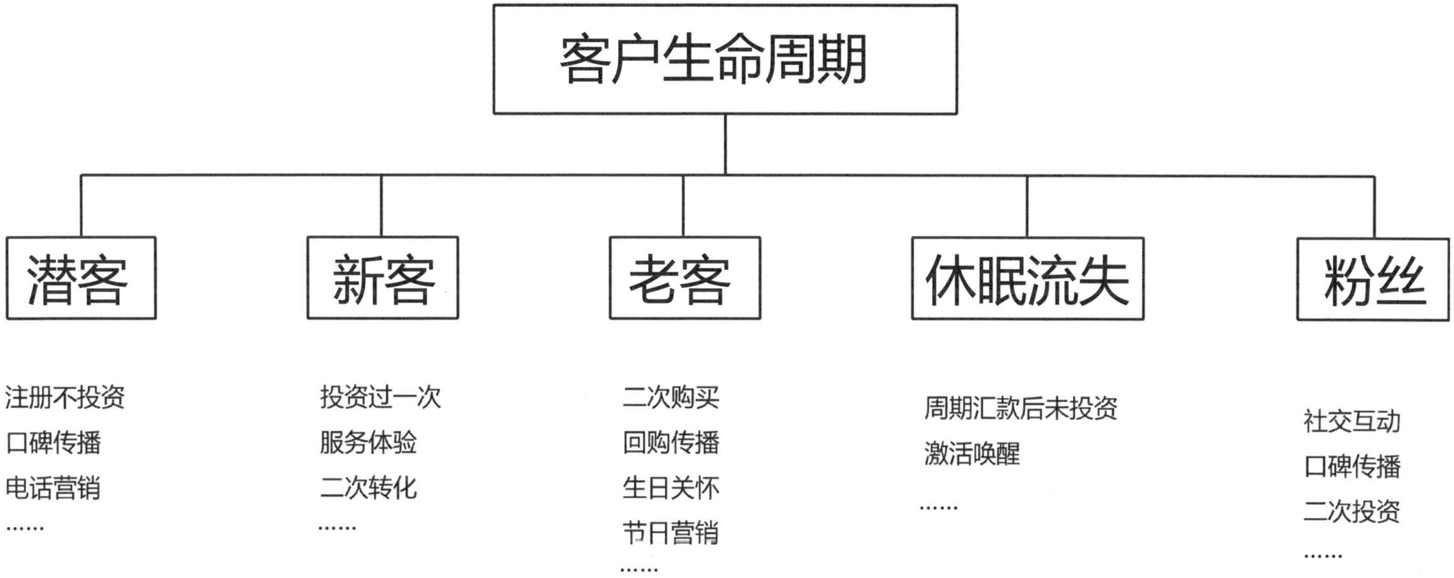

基于会员需求找准节点进行服务和营销?

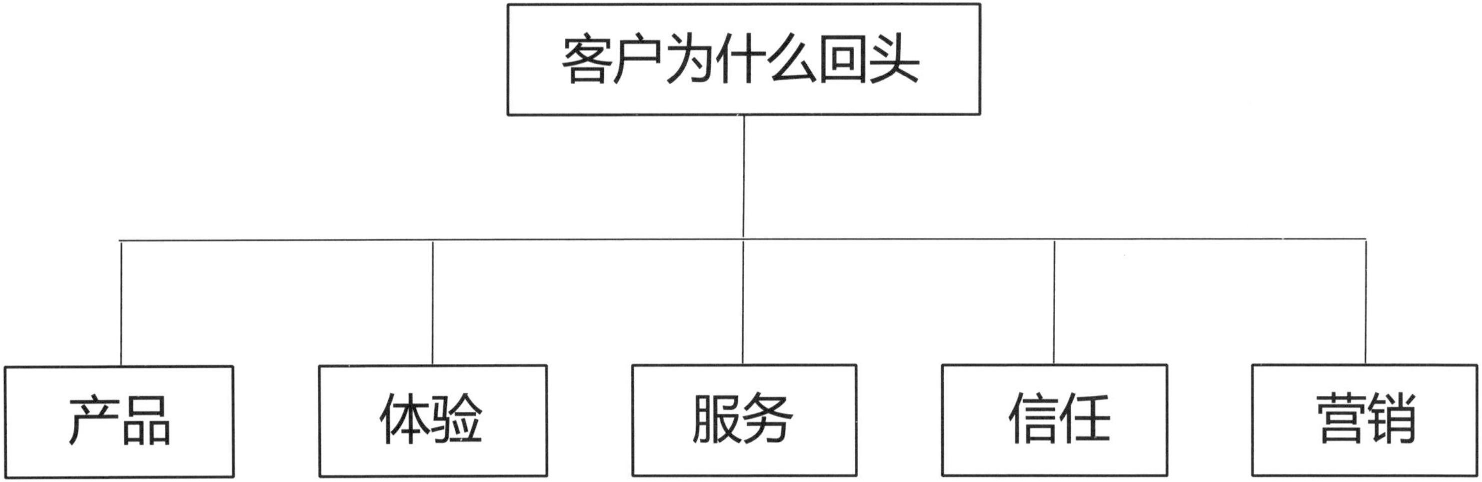
客户为什么回头
产品
体验
服务
信任
营销

客户让渡价值

【产品+服务+人员品牌价值+潜在利益】-【货币+时间+精神+体力】=正负数

100分-90分=10分 √　　　90分-100分=10分 ×

客户所付出和期望的价值不是产品单价的直接对等

粉丝经济
品牌效应

常用的分析工具

- 百度指数
- alexa排名
- 站长工具
- 统计工具
- 网贷之家排名数据
- 网贷计算器

移动推广策略

App

全新应用场景，服务无微不至

❶ 竞品定位

选择竞品，做好定位

——选择两个产品最好，最多三个——

竞品分析维度

A．市场趋势、业界现状

B．竞争对手的企业愿景、产品定位及发展策略

C．目标用户

D．市场数据

E．核心功能

F．交互设计

G．产品优缺点

H．运营及推广策略

I．总结&行动点

② 产品定位

将产品定位单独作为一个篇幅来讨论，可见其重要性。清晰的产品定位、目标用户群定位是运营推广的基石。目标用户群分析得越透彻、越清晰，对后期产品推广起关键性助推作用。

产品定位

——用什么样的产品满足用户或者用户市场——

陌陌：一款基于地理位置的移动社交工具

QQ空间：一个异步信息分享和交流的平台，是QQ即时通信工具的补充

91运营网：分享互联网产品，电子商务运营干货

产品核心目标

产品目标往往表现为解决目标用户市场一个什么问题，这个问题分析得越透彻，产品核心目标越准确

微信为用户提供流畅语音沟通的移动应用

③ 目标用户定位

一般按照年龄段、收入、学历、地区几个维度来定位目标用户群体

目标用户特征

常用用户特征：年龄、性别、出生日期、收入、职业、居住地、兴趣爱好、性格特征等

用 户 技 能：熟练电脑办公，外语能力强

用户角色卡片

—— 根据目标用户群体围绕目标用户特征建立用户角色卡片 ——

用户使用场景

用户使用场景是指将目标用户
群投放到实际的使用场景中

④ 推广策略

在想到的100种方法里，不断测试出一种最有效的方法，剔除掉其中99个，集中火力把手里的资源集中在一个可能爆发的点上，不断放大，不断分析，等待爆发，最终吸引更多的注册用户，提高自己的市场份额。推广基本分为：线上渠道、新媒体宣传和线下宣传。

➡ 线上推广策略

下载市场：安卓、91、机锋、安智、应用汇、木蚂蚁、N多、优亿、安机、飞流等

应用商店：google商店、HTC商城、历趣、十字猫、开奇、爱米、我查查、魅族商店、联想开发者社区、OPPO应用商店等

大平台：MM社区、沃商店、天翼空间、华为智汇云、腾讯应用中心等

客户端：91助手、豌豆荚手机精灵、360软件管家等

wap站：泡椒、天网、乐讯、宜搜等

web下载站：天空、华军、非凡、绿软等

iOS版本发布渠道：App Store、91助手、pp助手、网易应用中心、同步推、快用苹果助手、itools、限时免费大全

运营商渠道推广

中国移动

中国电信

中国联通

第三方商店

第三方商店由于进入早，用户积累多，成了很多App流量入口，全国有近百家第三方应用商店。渠道专员要准备大量素材，测试等与应用市场对接。各应用市场规则不一，如何与应用市场负责人沟通，积累经验与技巧至关重要。在资金充足的情况下，可以投放一些广告及推荐等。

手机厂商商店

大厂家都在自己品牌的手机里预装商店，如联想乐商店、HTC市场、OPPO Nearme、魅族市场、moto智件园等。渠道部门需要较多运营专员来跟手机厂商商店接触。

积分墙推广

积分墙是在一个应用内展示各种积分任务（下载安装推荐的优质应用、注册、填表等），以供用户完成任务获得积分的页面。用户在嵌入积分墙的应用内完成任务，该应用的开发者就能得到相应的收入。

积分墙起量快，效果显而易见。大部分是采用CPA形式，价格1—3元不等。但以活跃用户等综合成本考量，成本偏高，用户留存率低。业内公司有tapjoy、微云、有米、万普等。积分墙适合大型、有资金，需要尽快发展用户的团队。

注：CPA为每行动成本。

刷榜推广

这种推广乃非正规手段，但是在国内非常受欢迎，毕竟绝大部分苹果手机用户都会使用App Store去下载App。如果你的App直接在前几名的位置，当然可以快速获得用户的关注，同时获得较高的真实下载量。不过，刷榜的价格是比较高的，国内榜top 25名的价格每天1万元左右，top 5的价格每天需要2万多元。由于这种推广成本比较高，所以一般会配合新闻炒作一起搞，这样容易快速出名。

社交平台推广

目前主流的智能手机社交平台，潜在用户明确，能很快地推广产品。这类推广基本采用合作分成方式，合作方法多样。业内公司有微云、九城、腾讯、新浪等。

换量推广

起量快，效果显而易见。成本较高，以目前主流平台为例，CPC价格在0.3—0.8元，CPA在1.5—3元之间，不利于创业融资前的团队推广使用。业内公司有admob、多盟、微云、有米、点入等。

注：CPC为以每点击一次计费，CPA为每行动成本。

换量主要有两种方式

应用内互相推荐

这种方式可以充分利用流量，增加曝光度和下载量，量级不大，但曝光度不错，有内置推荐位的应用可以相互进行换量，但这需要以一定的用户量作为基础。

买量换量

如果自身无法给某一应用带量或者量很小，可以找网盟跑量，以换取应用商店优质的资源位或者折算成钱进行推广。

➡ 线下渠道策略

手机厂商预装

出厂就存在，用户转化率高，最直接发展用户的一种方式。

用户起量周期长，从提交测试包测试—过测试—试产—量产—销售到用户手中需要3—5个月时间。

推广成本：应用类产品预装量付费价格在0.5—1元不等，CPA方式价格在1.5—4元不等。游戏类产品，采取免费预装，后续分成模式，CPA价格在2—3元之间。

业内公司：华为、中兴、酷派、TCL、波导、OPPO、魅族、海信等。

操作难点：品牌众多，人员层级多，产品项目多，需要专业的团队有针对性地推荐与维护关系。

水货刷机

起量快，基本上2—4天就可以看到刷机用户，数量大，基本上一天可以刷几万台。

重刷现象严重，基本上一部手机从总批到渠道到店面会被刷3—5次，推广成本剧增，用户质量差，不好监控。基本上刷机单一软件CPA在1—2元，包机一部机器价格在5—10元。

业内公司：XDA、酷乐、乐酷、刷机精灵。

行货店面

用户质量高，黏度高，用户付费转化率高，见用户速度快。店面多，店员培训复杂，需要完善的考核及奖励机制。基本上CPA价格在1.5—3元，预装价格在0.5—1元。

业内公司：乐语、中复、天音、中邮、苏宁等。

线下推广策略

利用宣传经费印制纸质宣传单和各种海报，做宣传

介绍海报：在人流量多且可免费宣传的地方张贴海报宣传。

宣传单：与合作商家商议，将宣传单曝光于商家跟用户接触的地方。

地推卡传单：制作精美传单，在办公区域相对集中的地方、商场发布传单。

未来的高效运营
建立在**移动**的世界里

微信

轻应用，注册能手

WAP

新一代搜索流量入口
（流量入口占比）

第四章

新媒体运营

- 新媒体定位
- 内容运营
- 互动运营
- 粉丝运营
- 转化运营

新媒体定位

抓　　转　　搞

定位决定结果

注意：直接给媒体定销售指标是极不负责任的行为！

优秀实例

抓

杜蕾斯

订阅号

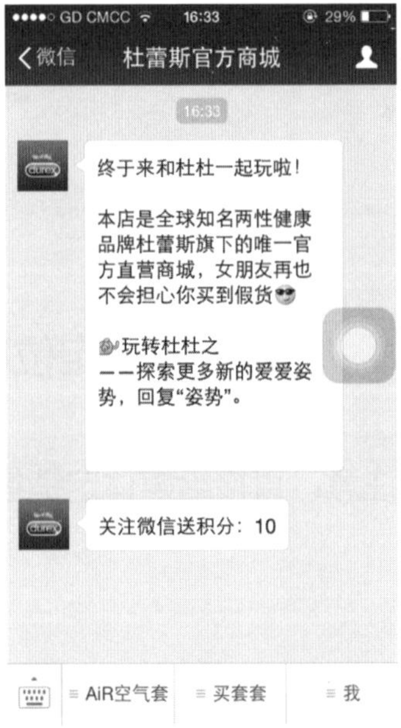

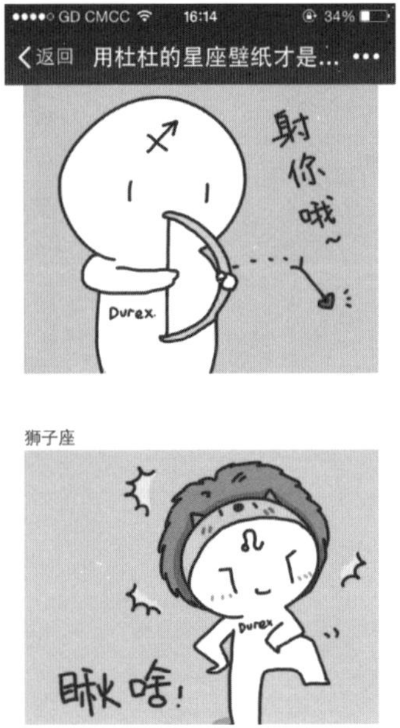

优秀实例

转

杜蕾斯

服务号

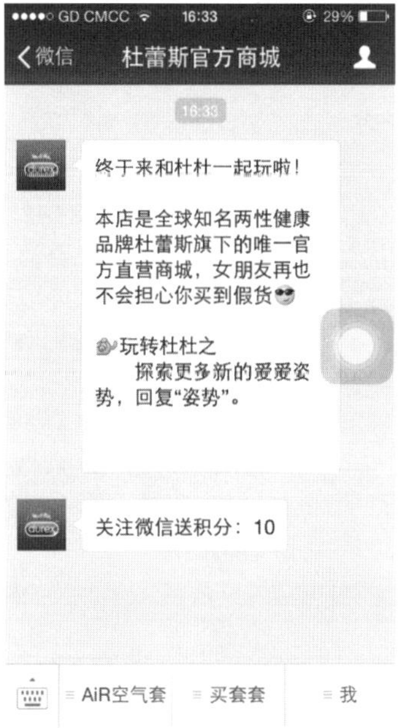

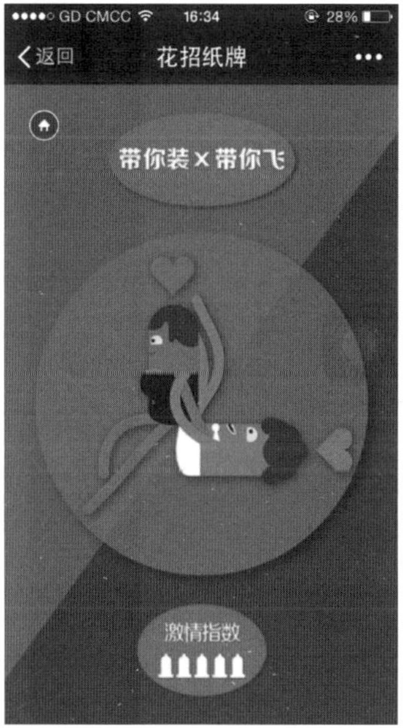

优秀实例

搞

PPmoney

订阅号

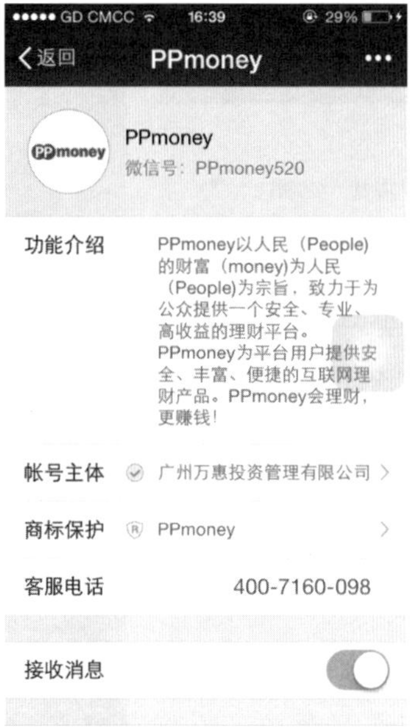

内容运营

ONE

了解用户

用户画像，企业画像

- 你的产品针对什么需求或者用途？ 谁需要？为什么需要？
- 什么人购买和什么人使用这个产品？该部分注意：很多情况下，购买人群并非使用者
- 产品的购买流程？得知—感觉—行动！或者是注意—兴趣—欲望—行动

  购买程序：意识—信息搜寻—评估—购买—评估购买决策
- 产品的复杂程度？产品复杂程度高的话：价格贵！对产品优势的需求！对产品心理满足的需求
- 打算细分市场吗？为什么？怎么划分？划分一下行为？

  细分市场有几个可变因素：地理+人口统计划分+心理因素+行为因素
- 用户是什么样的人群？ 年龄、性别、收入、婚姻状况、家庭生命周期、教育/职业或者有其他爱好？
- 心理划分？用户的生活方式+性格
- 行为划分？产品使用+购买动机+品牌忠诚度+对价格和促销活动的反应程度

内容定位

了解品牌账号定位，划定内容类型

我们对内容的分类是：有用、有趣、有共鸣。

试着把你总结出来的内容定位写出来：

面向____________人群、____________（内容领域）提供____________价值。

即时性

站在热点新闻另一个角度借势做传播

热点要怎么搞？

善编爱演

能说会画

不吐槽　不成活

无节操　没下限

在搞这件事情上
没有**捷径**可走

只要识字就能搞

△

搞方言

搞歌词

…… ……

➡追求人性，不求完美

- 如果运作得好，社会化媒体营销是能创造奇迹的
- 碎片化时代需要碎片化的传播，多点爆破的创意是趋势
- 整合传播：我们要做的是以话题为核心，讲故事
- 快速反应，借势热点需要有快速应对的机制、资源
- 这个注意力短暂的时代，任何劲爆的东西都很难火过一天
- 微博+微信的多渠道配置不可或缺
- 如果你讲述一个惨不忍睹的故事，反而会让他们心安
- 不要拘泥于形式本身，内容策略才更重要
- 永远要相信，网友的智慧是无穷的，你只需要一点点激励而已
- 要以网友为中心，而不是以产品为中心。要以某个圈层的人为中心，而不是大而全的所有网友

➡ 消灭广告

互动运营

TWO

途牛旅游——千万人和世界有约

到底招不招

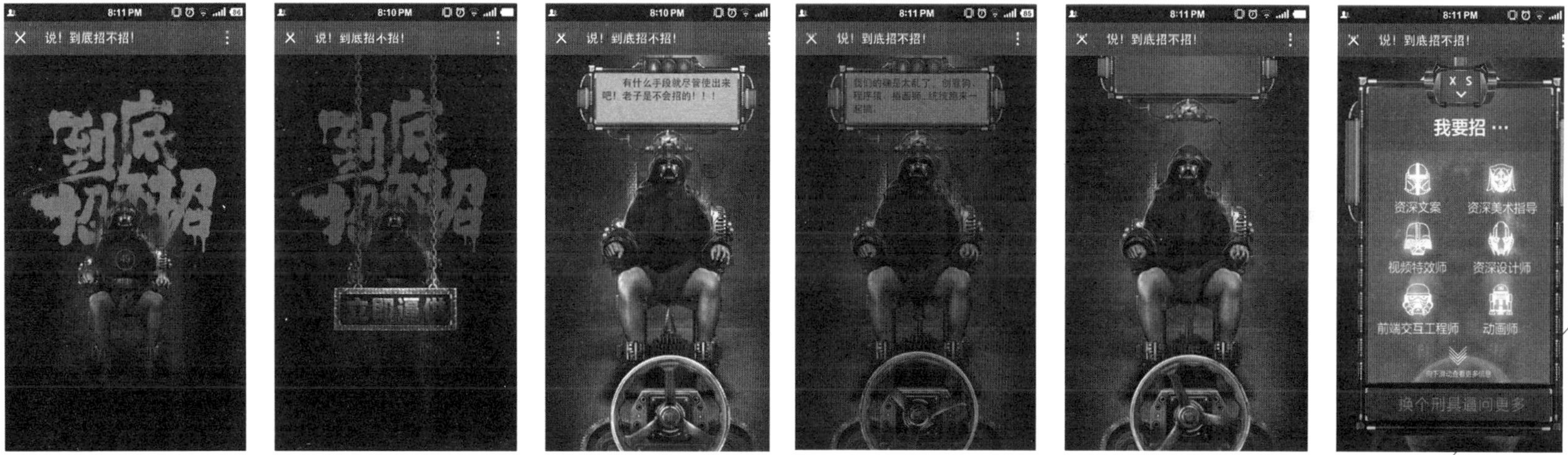
说！到底招不招！
有什么手段就尽管使出来吧！老子是不会招的！！！
我要招…
资深文案
资深美术指导
视频特效师
资深设计师
前端交互工程师
动画师
换个刑具逼问更多

Levi’s·新年活出趣

Levi's 新年活出趣
新年
#活出趣#
“小时候,过年多有趣
你还记得吗?”
幸福美满
放大你的
新年乐趣
趣问LEVI'S拿红包
¥100
二人世界
¥200
打造型格
¥3000
携程
说走就走
去领红包

粉丝运营

THREE

吸粉大法

1 短信
2 EDM
3 微刊
4 大号转发
5 物料

短信

吸粉

1 稳定关系

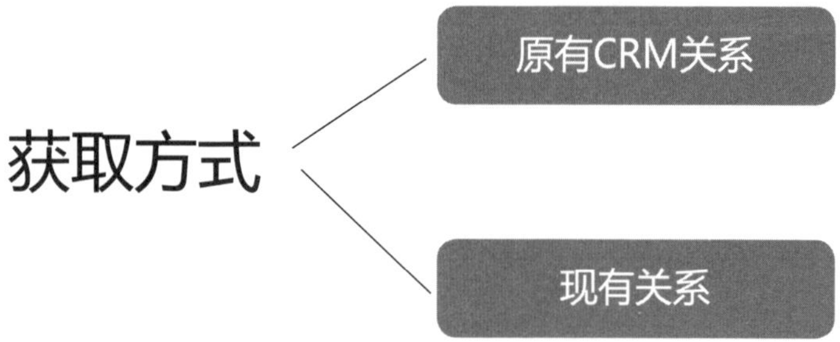

注：CRM为客户关系管理。

② 用户权限

BOSS会员卡

③ 不可告人的秘密

给予优惠或礼品

EDM

邮件推广

吸粉

最容易忽略

要购买数据

定位问题

收入水平

购物习惯

性　别

微刊

標題很重要

内容與形式

1 图文并茂
事实说话

2 宜精不宜多 宜短不宜长

③ 二维码

④ 落款

我是谁？能提供什么？

⑤ 比抄袭更可怕的是不懂改变

你 需 要 的

牛叉
文案

大号转发

吸粉

成本：

10元/个

物料

吸粉

转化运营

FOUR

图文转换率

关注转换率

案例

原方案：

珠江桥牌：
粤菜的八大菜系

修改后：

没吃过这八大菜系
你就白活了！

第五章

微信完全使用手册

- 微信使用指南
- 微信运营介绍
- 微运营五部曲

微信使用指南

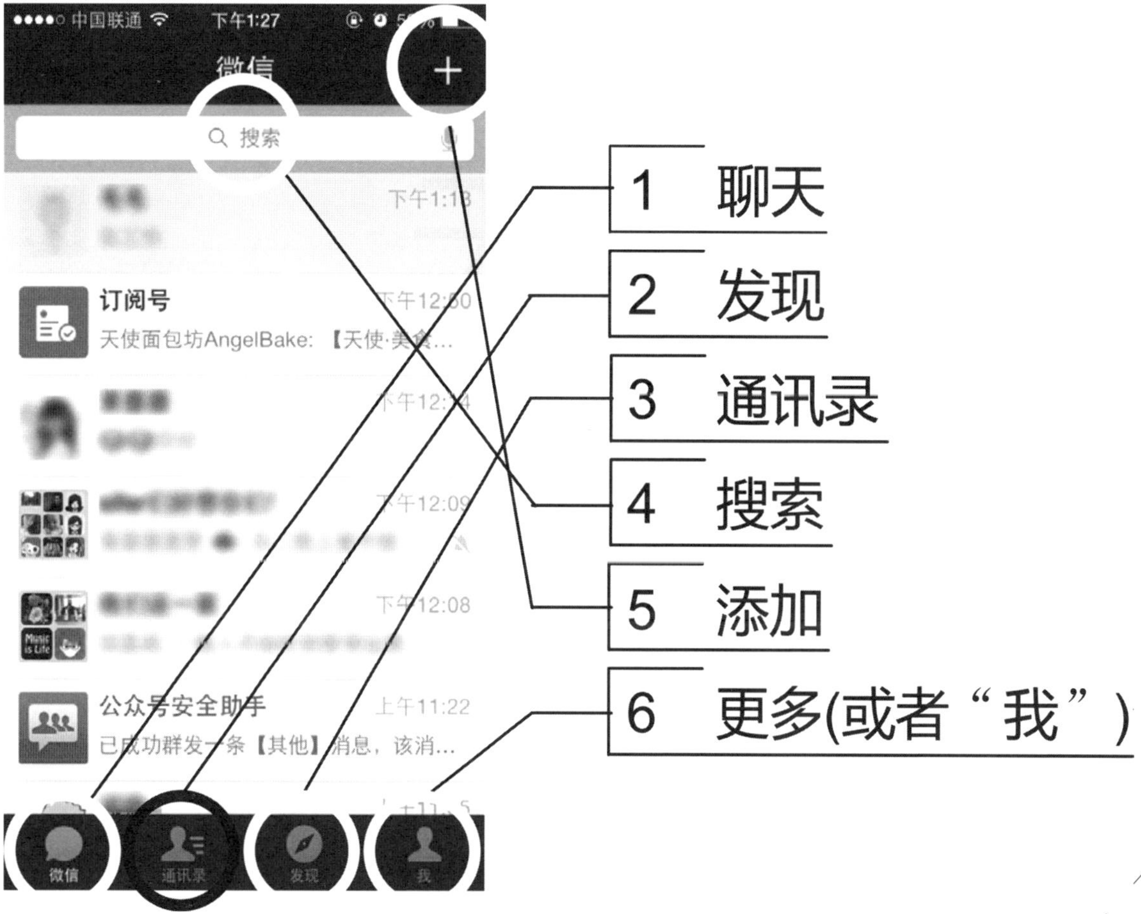
中国联通
下午1:27
微信
搜索
下午1:18
订阅号
下午12:50
天使面包坊AngelBake: 【天使·美食…
下午12:44
下午12:09
下午12:08
公众号安全助手
上午11:22
已成功群发一条【其他】消息，该消…
微信
通讯录
发现
我
1 聊天
2 发现
3 通讯录
4 搜索
5 添加
6 更多(或者“我”)

聊天

CHAT

怎么出现在聊天板块？

好友之间互动

添加的服务号公众账户

折叠的订阅号

微信群聊天

腾讯新闻

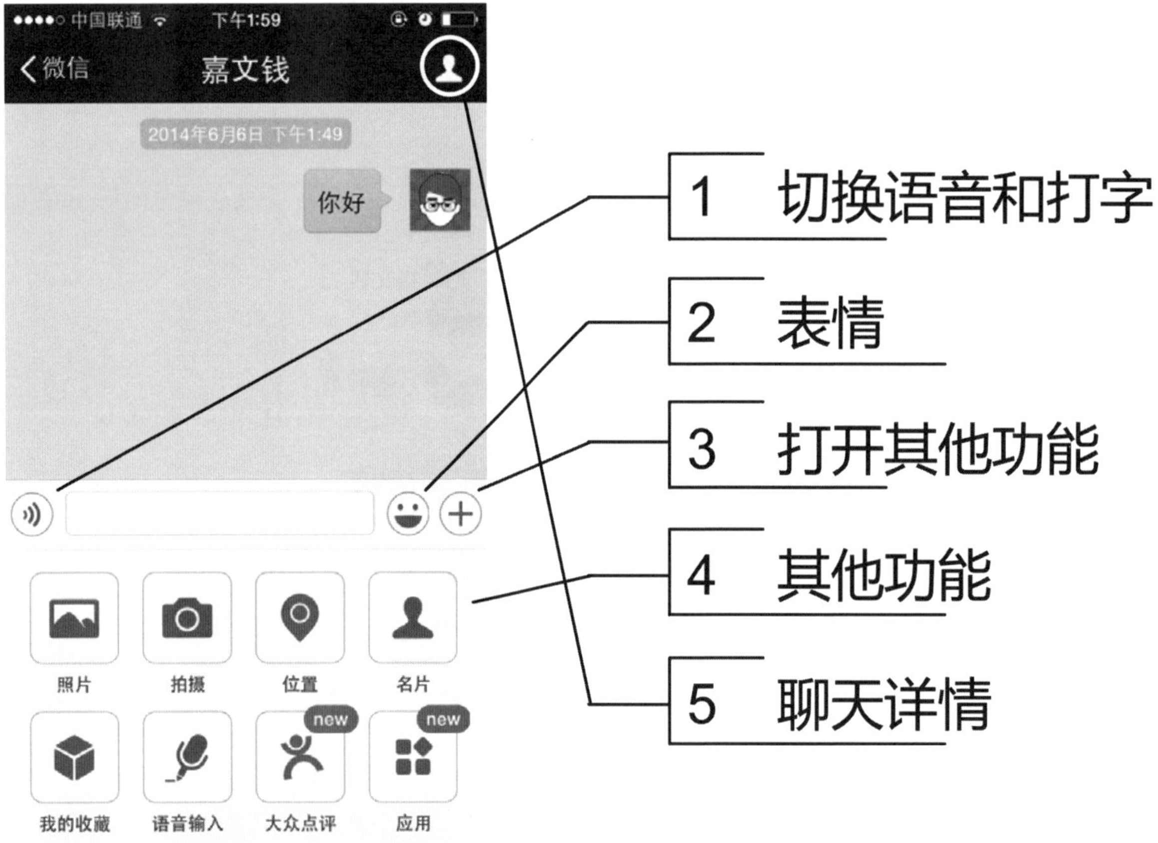
中国联通
下午1:59
微信
嘉文钱
2014年6月6日 下午1:49
你好
照片
拍摄
位置
名片
我的收藏
语音输入
new
大众点评
new
应用
1 切换语音和打字
2 表情
3 打开其他功能
4 其他功能
5 聊天详情

发现

DISCOVER

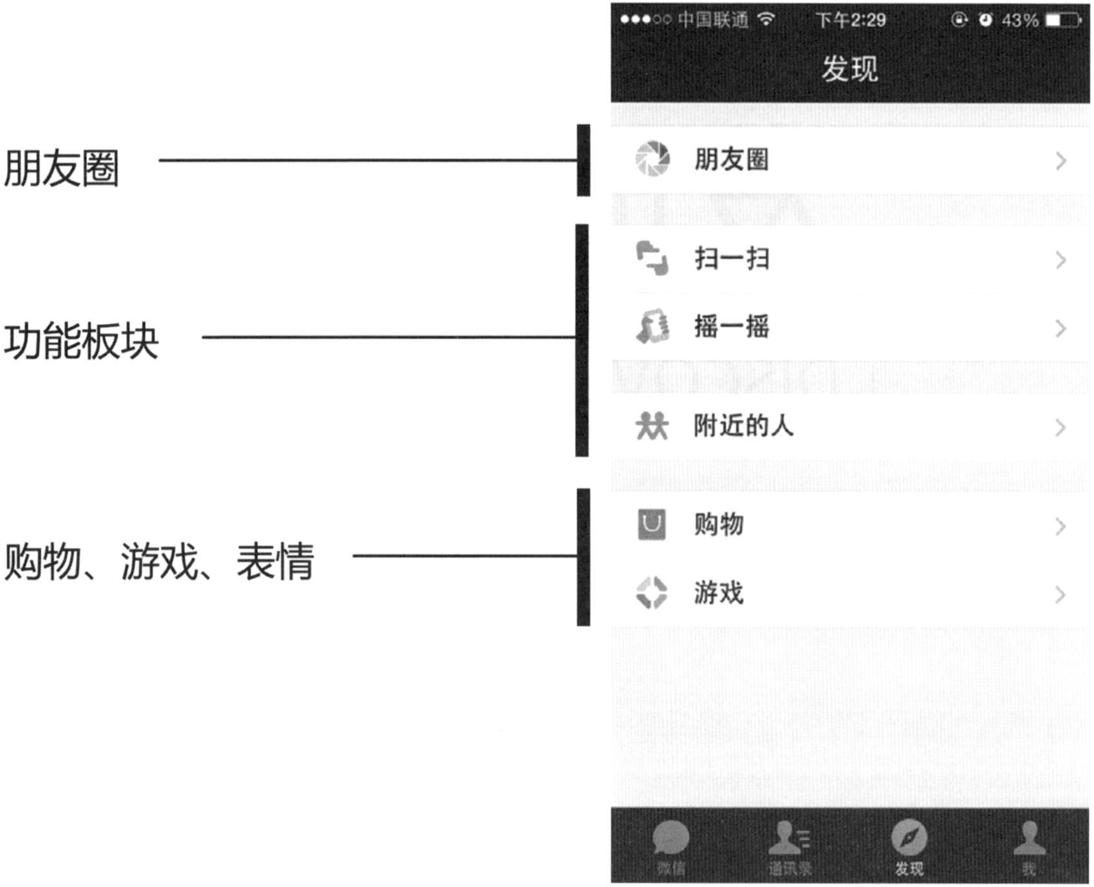
朋友圈
功能板块
购物、游戏、表情
●●●○○ 中国联通 下午2:29 43%
发现
朋友圈
扫一扫
摇一摇
附近的人
购物
游戏
发现

朋友圈

上传照片并发朋友圈（长按可以发纯文字朋友圈）

扫一扫

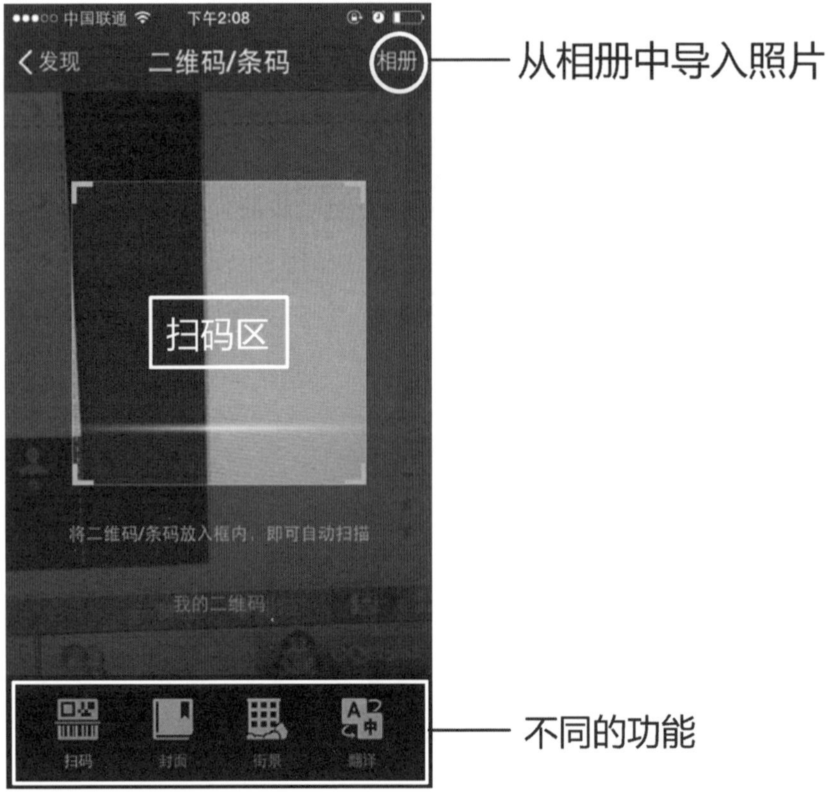
中国联通
下午2:08
发现
二维码/条码
相册
从相册中导入照片
扫码区
将二维码/条码放入框内，即可自动扫描
我的二维码
扫码
封面
街景
翻译
不同的功能

摇一摇设置

摇一摇听歌识别

摇一摇听歌识别

附近的人

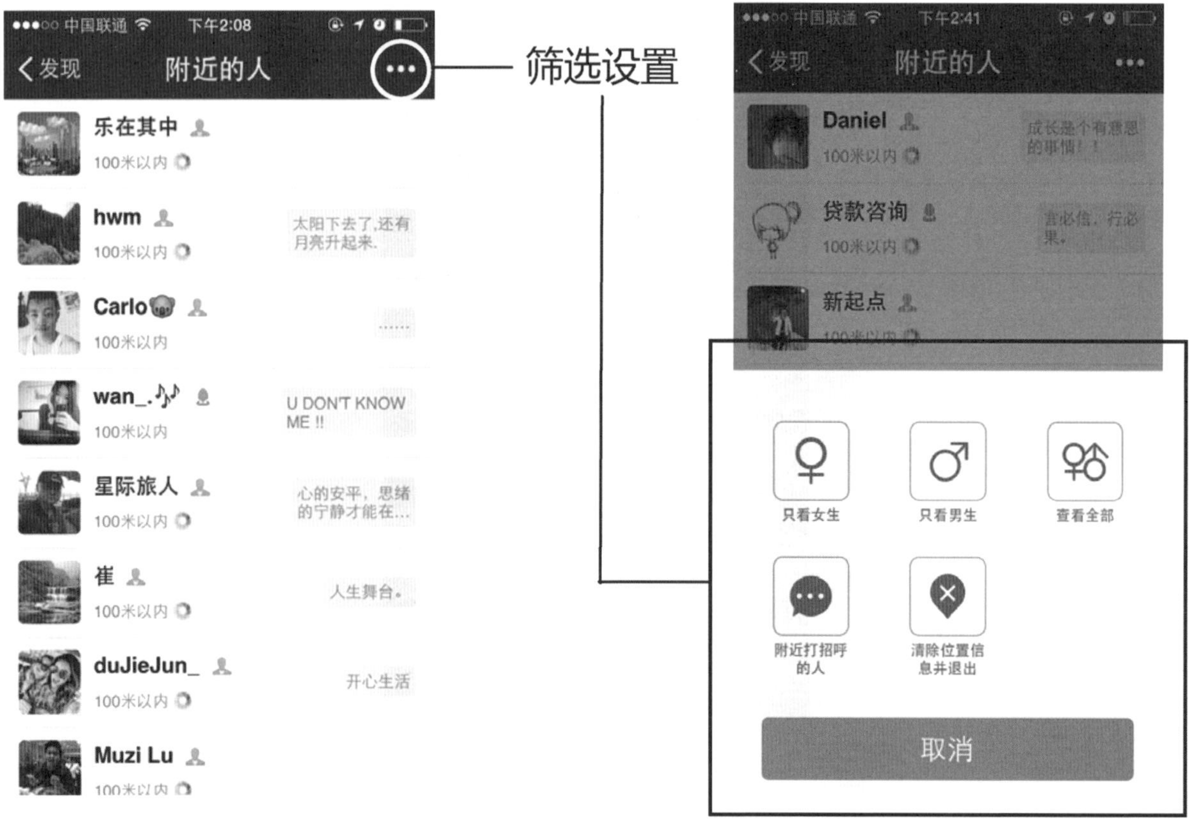
中国联通 下午2:08
发现
附近的人
筛选设置
乐在其中
100米以内
hwm
100米以内
太阳下去了,还有月亮升起来.
Carlo
100米以内
wan_.
100米以内
U DON'T KNOW ME !!
星际旅人
100米以内
心的安平，思绪的宁静才能在...
崔
100米以内
人生舞台。
duJieJun_
100米以内
开心生活
Muzi Lu
中国联通 下午2:41
发现
附近的人
Daniel
100米以内
贷款咨询
100米以内
新起点
只看女生
只看男生
查看全部
附近打招呼的人
清除位置信息并退出
取消

购物　　游戏　　表情

中国联通
下午2:08
返回
购物
京东 618
用红包购物直减
立即去逛
搜一搜，更多红包商品
新发现
品牌
聚惠
你的独家专款
618劲爆特惠
潮夏时尚派对
筛选
默认
折扣
销量
今日主打
【京东配送】Me&Home
双重磁疗记忆枕
微信价：¥61.80
¥268.00 2.3折 已售1021件
心家宜五层架置物架微
波炉架赠送四联钩

中国联通
下午2:08
发现
游戏
新精灵登场
角色坐骑抽奖
概率翻5倍
免费领取
未下载的游戏(10)
全民打怪兽
有9个好友在玩
城堡争霸
有2个好友在玩
天天炫斗
有17个好友在玩
全民小镇
有17个好友在玩
雷霆战机
有30个好友在玩

中国联通
下午2:09
我
表情
爆笑世界杯
NEW
神经蛙与欢乐马2
神奇伙伴大闹世界杯
NBA群星秀
篮球高手独门搞怪绝技
免费
A仔
深眼圈男孩的内心世界
免费
妞妞
擅长做香气扑鼻的点心
免费
帅力
一枚欢乐的吃货

通信录

CONTACT

新朋友

群聊

服务号

订阅号

一般好友

底部能查询您的好友数量

新的朋友

微信会不定时推送手机通讯录和QQ好友已开通微信的人的列表供你添加为好友

群聊　　服务号　　订阅号

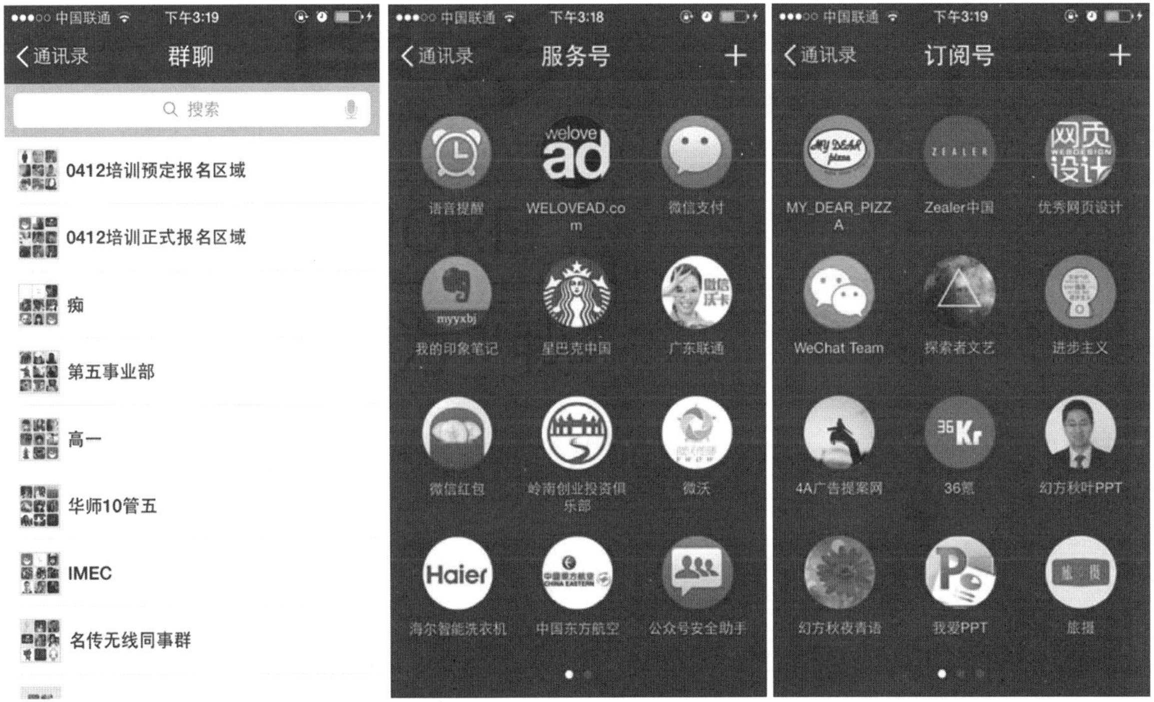
中国联通 下午3:19
通讯录 群聊
搜索
0412培训预定报名区域
0412培训正式报名区域
痴
第五事业部
高一
华师10管五
IMEC
名传无线同事群
中国联通 下午3:18
通讯录 服务号
语音提醒
WELOVEAD.com
微信支付
我的印象笔记
星巴克中国
广东联通
微信红包
岭南创业投资俱乐部
微沃
海尔智能洗衣机
中国东方航空
公众号安全助手
中国联通 下午3:19
通讯录 订阅号
MY_DEAR_PIZZA
Zealer中国
优秀网页设计
WeChat Team
探索者文艺
进步主义
4A广告提案网
36氪
幻方秋叶PPT
幻方秋夜青语
我爱PPT
旅摄

详细资料

点击任何一个好友即可查看他的详细信息

搜索

SEARCH

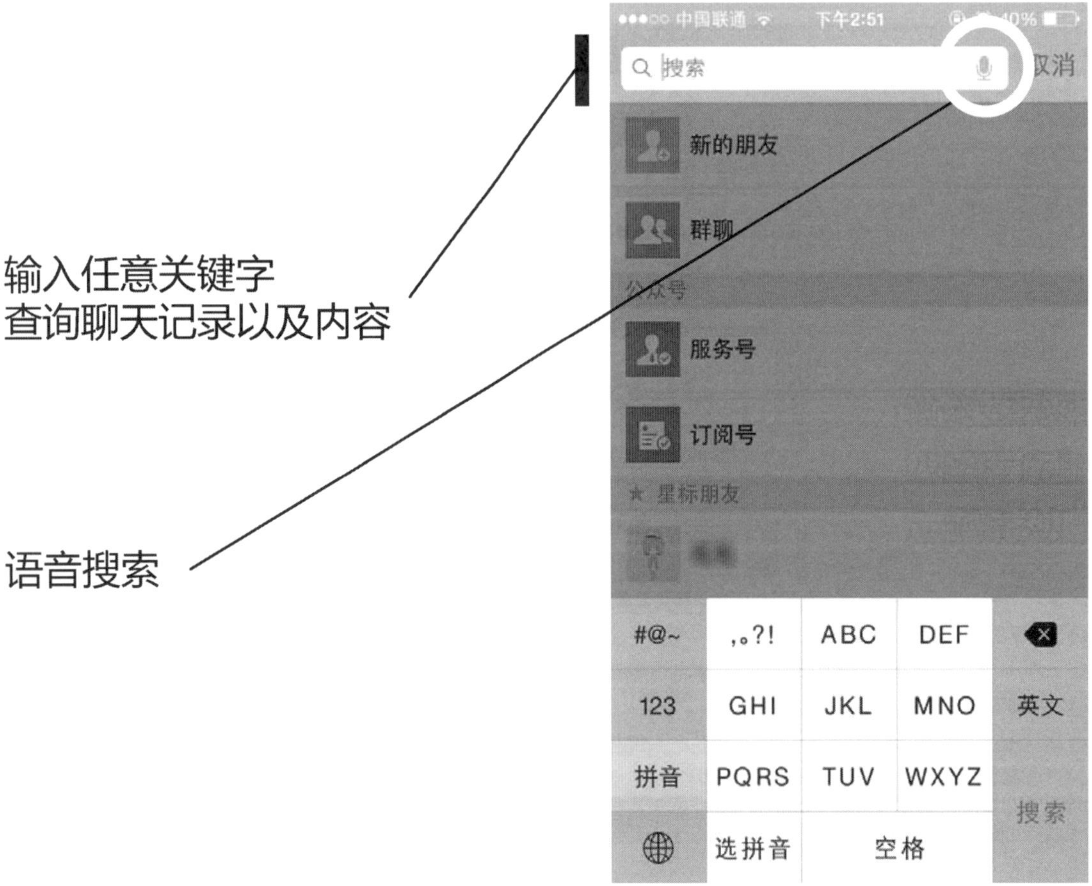
输入任意关键字
查询聊天记录以及内容
语音搜索
中国联通
下午2:51
搜索
取消
新的朋友
群聊
公众号
服务号
订阅号
星标朋友
#@~
,。?!
ABC
DEF
123
GHI
JKL
MNO
英文
拼音
PQRS
TUV
WXYZ
搜索
选拼音
空格

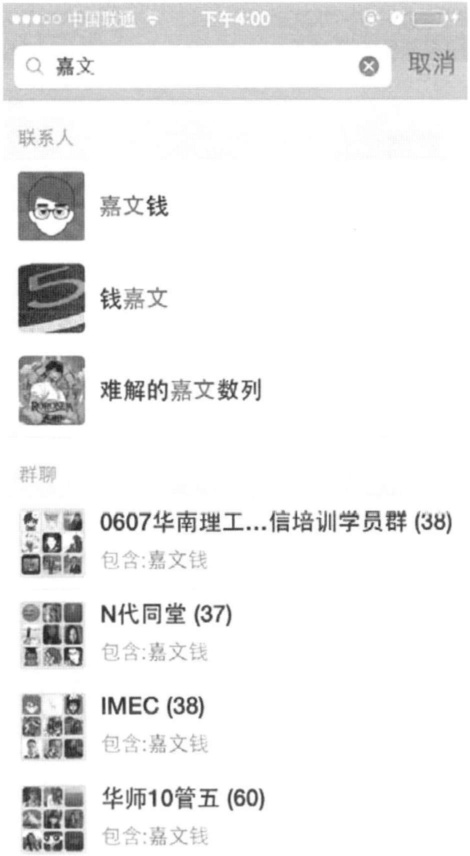

输入要搜索的内容后，会自动列出包含该内容的好友、群聊、聊天记录等信息

添加

ADD+

搜索号码添加好友

添加QQ和通讯录好友

添加公众号

现场互动式添加好友或群聊

添加QQ好友
添加手机联系人
中国联通 下午4:18
QQ分组 华师
钟一娉 添加
終於。 添加
钟志扬 添加
朱嘉 添加
左边手 添加
宝真 邀请
可以邀请没有注册微信号的好友注册微信
中国联通 下午4:18
添加朋友 通讯录朋友
钟嘉宝 添加
钟一娉 添加
周昕 添加
朱嘉 添加
卓斌 添加
蔡美渠 邀请
蔡鹏云
蔡晓燕
曾惠棠
可以邀请没有注册微信号的好友注册微信

查找公众号

输入要搜索的名字后，会按匹配程序和认证信息等以一定顺序列出搜索的公众账号

雷达加朋友

雷达扫描出来的用户，点击他们的头像即可以查看详细信息，同时可以选择加他们为好友

面对面加群

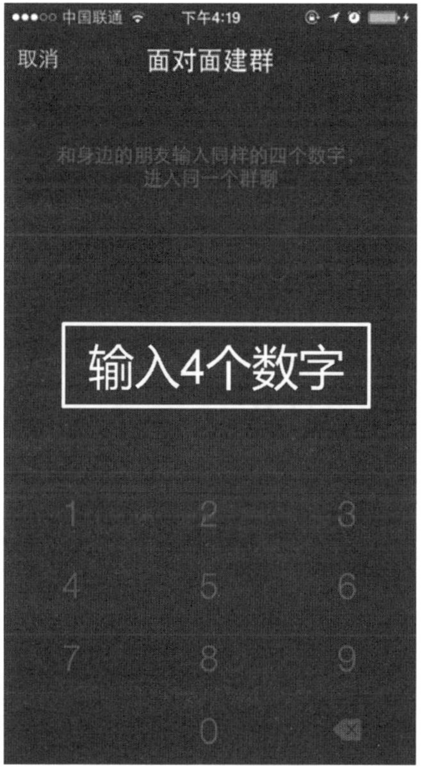
●●●○○ 中国联通 下午4:19
取消
面对面建群
和身边的朋友输入同样的四个数字，
进入同一个群聊
输入4个数字
1 2 3
4 5 6
7 8 9
0

●●●○○ 中国联通 下午4:19
取消
4 2 7 9
这些朋友也将进入群聊
现场的小伙伴输入这4个数字即可加入同一个群！
进入该群

更多

MORE

iOS版为“我”

自己的菜单
可以修改个性签名+收货地址

我的相册

我的收藏

我的银行卡

表情管理

设置

我的相册 MY ALBUM

我的收藏 MY COLLECTION

收藏喜欢内容

内容可以是：
对话、图片、网页、
语音等

我的银行卡 MY CARD

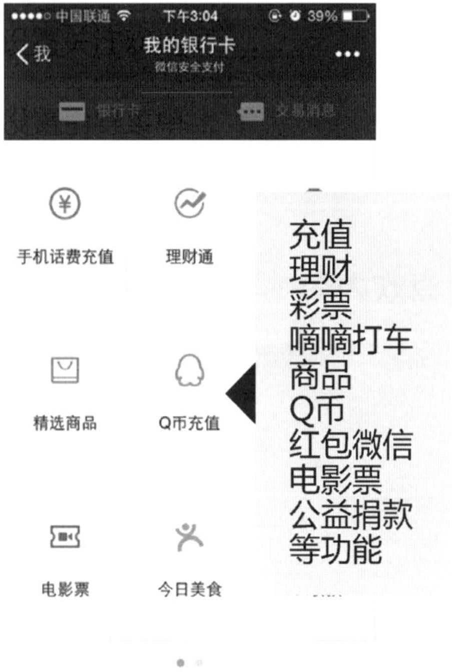

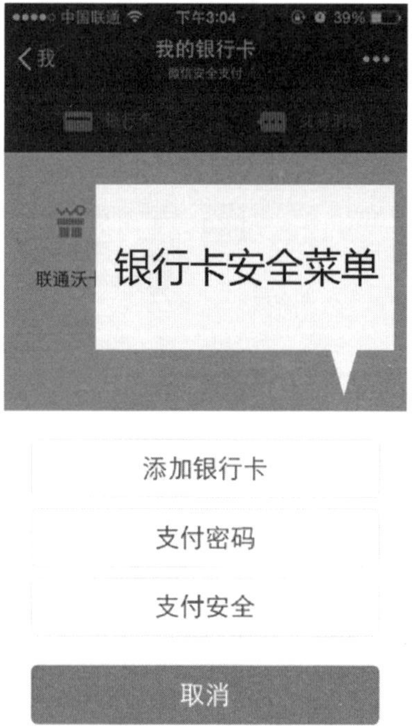

设置 OPTIONS

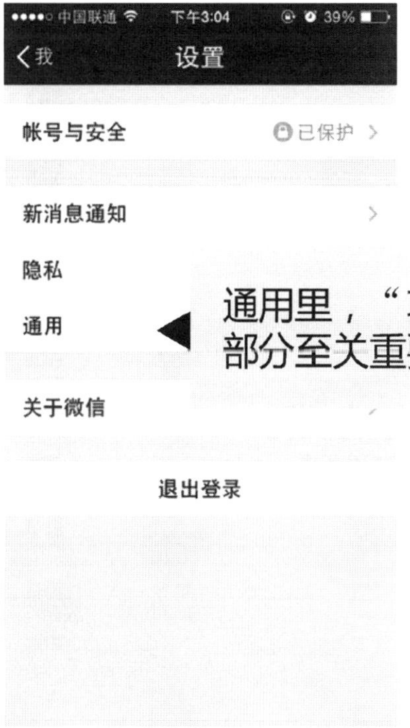

通用里，“功能”部分至关重要

中国联通
下午5:38
设置
通用
多语言
字体大小
聊天背景
聊天记录迁移
我的表情
听筒模式
功能
神级功能隐藏在这里
微信网页版
清理微信存储空间

中国联通
下午3:05
39%
通用
功能
已启用的功能
QQ离线消息
QQ邮箱提醒
语音记事本
附近的人
摇一摇
添加QQ好友
群发助手
朋友圈
语音输入
未启用的功能

群发助手

群发节日问候 √
群发营销信息 √

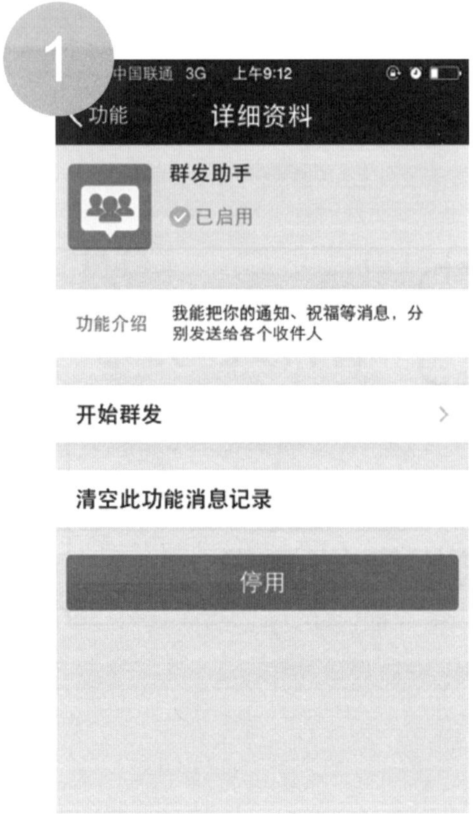

进入群发助手功能后，点击开始群发

中国联通 3G 上午9:12
微信
群发助手
我能把你的通知、祝福等消息，
分别发送给各个收件人。
新建群发
点击新建群发

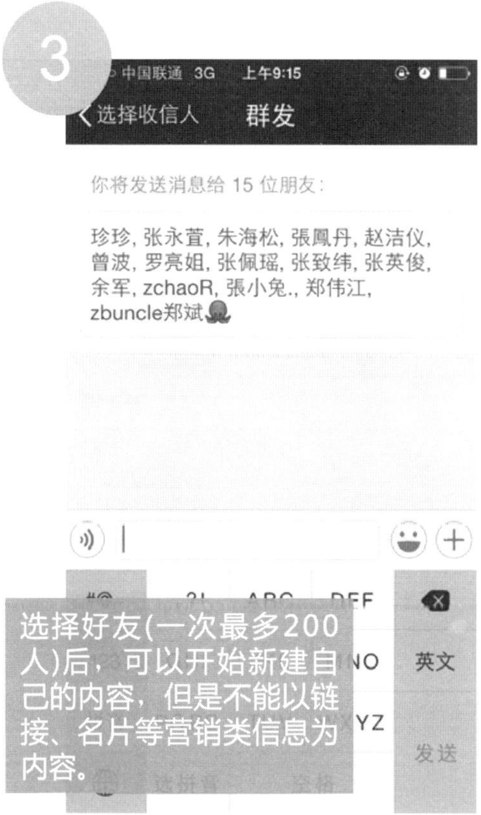
中国联通 3G 上午9:15
选择收信人
群发
你将发送消息给 15 位朋友：
珍珍, 张永萱, 朱海松, 張鳳丹, 赵洁仪,
曾波, 罗亮姐, 张佩瑶, 张致纬, 张英俊,
余军, zchaoR, 張小兔., 郑伟江,
zbuncle郑斌
英文
发送
选择好友(一次最多200人)后，可以开始新建自己的内容，但是不能以链接、名片等营销类信息为内容。

发送成功的界面

微信运营介绍

操作流程

OPERATION PROCESS

服务流程

现状调研 ▷ 策略制定 ▷ 运营执行 ▷ 效果评估

现状调研	策略制定	运营执行	效果评估
影响力现状评估	运营定位规划	微信平台开发	数据监测与统计
口碑现状评估	运营服务计划	内容营销运营	运营结案报告
	公众平台建设	活动营销运营	下阶段运营计划
	媒体投放计划	会员关系管理	

现状调研

影响力现状评估

- 推广渠道
- 以往的互动方式
- 现有移动端布局
- 品牌目标与定位
- 市场营销推广手段
- 微信用户、图文、消息、接口分析

口碑现状评估

- 用户建议
- 用户咨询
- 线上线下关联评估

策略制定

运营定位规划

- 微信主题定位与栏目结构
- 微信形象定位
- 微信运营月度计划
- 运营粉丝增加计划
- 微官网更新计划

运营服务计划

- 专业技术对接回复设置
- 日常粉丝监测及维护
- 用户积分管理
- 智能回复
- 响应机制
- 每周情况汇报

公众平台建设

- 设置关注欢迎词
- 设置引导菜单
- 设置互动关键词
- 智能客服初始化
- 联系方式特殊处理

媒体投放计划

- 根据消费者倾向性分析确定媒介传播手段
- 根据第三方调查数据针对不同网络接触点，构建媒介平台
- 制定不同媒介间预算、推广节奏
- 数据来源： Iresearch

粉丝数量： - 身份选择： 全部 全部微博分类 搜索

帐号昵称	微博影响力	分类	价格	粉丝数	接单率
@爱尚购物狂	★★★	情感,购物	￥212.00	2580342	100%
@娱乐八卦全掌控	★★	娱乐,互联网	￥105.00	1541787	100%
@女校爱美丽	★★★	美容	￥212.00	2577449	100%
@快消时代周刊	★★	互联网,购物	￥115.00	1767834	100%
@美容早班车	★★	综合,时尚,美容	￥57.00	1767698	100%
@围货宝典	★★	综合,时尚,购物	￥68.00	1709689	100%
@女王速成术	★★	综合,语录,红人	￥50.00	1076359	100%
@名品一站	★★★★★	综合,时尚,购物	￥65.00	1708444	100%
@优雅有道	★★★★★	综合,语录,时尚	￥58.00	2550113	100%
@娱乐圈不能说的秘密	★★★★★	娱乐,音乐,热门	￥200.00	2584222	100%

‹ 1 2 3 4 5 6 7 下一页 ›

运营执行

内容营销运营

- 订阅号每个正常工作日群发一次多条图文信息
- 自动回复关键词设置
- 精选内容消息推送
- 行业大号朋友圈转发、直发

活动营销运营

- 策划并执行每月一次的微活动
- 微活动微刊文案宣传配合
- 活动期间粉丝监测和维护
- 协助设计活动二维码应用物料
- 协助微活动多渠道推广

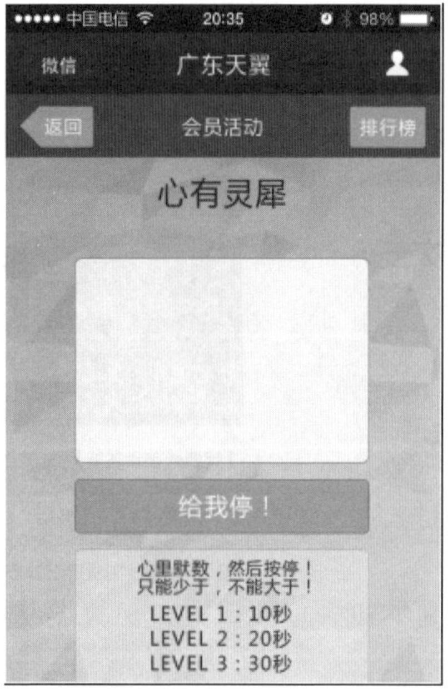

会员关系管理

- 会员标签定向跟踪分析
- 用户分组设置
- 用户内容引导
- 微会员注册
- 会员认证
- 会员积分查询与管理

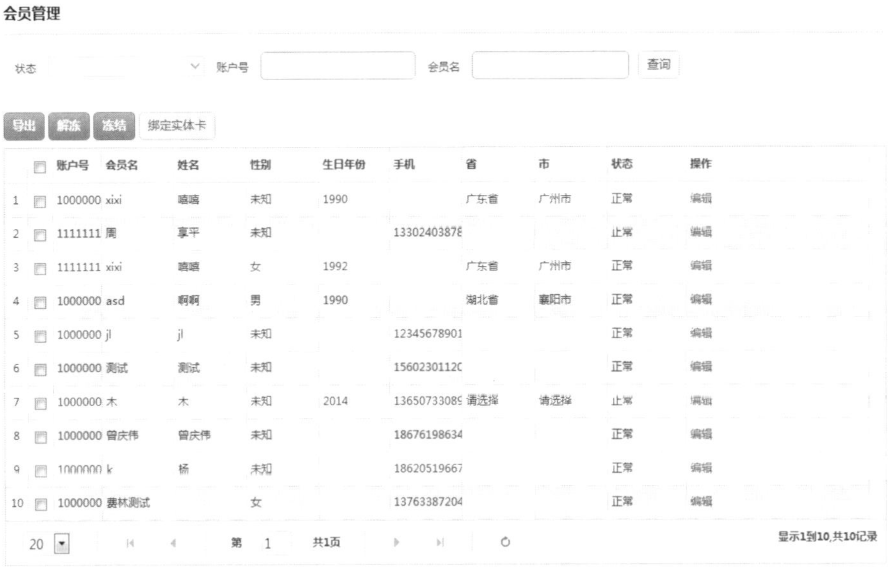

	账户号	会员名	姓名	性别	生日年份	手机	省	市	状态	操作
1	1000000	xixi	嘻嘻	未知	1990		广东省	广州市	正常	编辑
2	1111111	周	享平	未知		13302403878			正常	编辑
3	1111111	xixi	嘻嘻	女	1992		广东省	广州市	正常	编辑
4	1000000	asd	啊啊	男	1990		湖北省	襄阳市	正常	编辑
5	1000000	jl	jl	未知		12345678901			正常	编辑
6	1000000	测试	测试	未知		15602301120			正常	编辑
7	1000000	木	木	未知	2014	13650733089	请选择	请选择	正常	编辑
8	1000000	曾庆伟	曾庆伟	未知		18676198634			正常	编辑
9	1000000	k	杨	未知		18620519667			正常	编辑
10	1000000	费林测试		女		13763387204			正常	编辑

20 第 1 共1页 显示1到10,共10记录

效果评估

数据监测与统计

Html 5页面访问数据监测

- 用户增长数据监测，新增关注用户基础信息收集
- 活动用户、申领成功体验用户信息整理，各活动相关数据统计监测
- 每月一次用户数据汇报
- 每周用户反馈问题汇总统一作答
- 日常用户负面情绪及危机监测

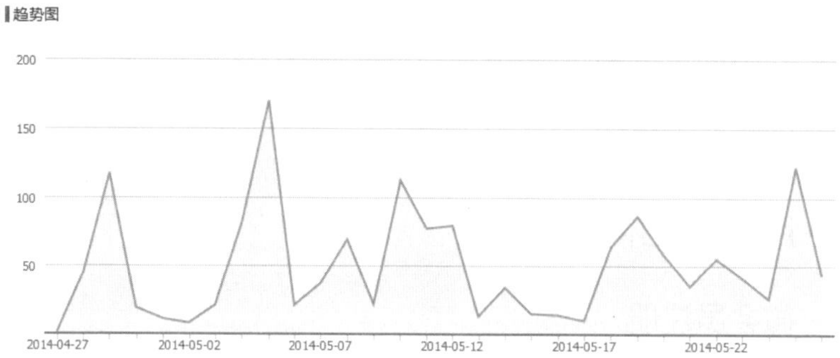

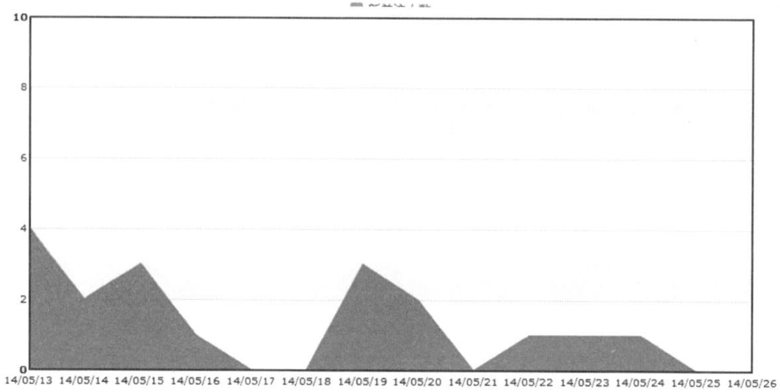

运营结案报告
下阶段运营计划

- 每月1—5日提交上月运营结案报告与本月运营计划
- 三个月后25—30日提交季度运营结案报告

目　　录

服务保障

数据监测与统计

- 项目沟通 —— YY会议和当面交流
- 微信系统维护 —— 5 x 9小时
- 配备起码5人以上的专业团队
- 微信培训 —— 基础培训和高层培训

微运营五部曲

阶段一

Phase 1

泛媒体化运营

周期：公众号开设并认证后1—2个月

1. 策划并认证完好的公众账号
2. 经过策划编辑设计并推送的资讯内容
3. 50—100个关键词规则策划设置
4. 微信运营月度报告（会员、信息关键词分析）

   注：部分分析需要购买开发分析工具

5. 按照计划实行媒体投放

阶段二

Phase 2

会员媒体化运营

周期：2— 4个月（或6个月）

1. 经过接口开发并保持运营的订阅号和服务号

2. 定期的互动活动策划（每月至少一次）

3. 独立的微官网的完整展现

4. 微信运营月度报告

5. 根据阶段一的媒体投放情况，调整投放计划并执行

阶段三
Phase 3

会员交互化运营

周期：4— 9个月

1. 经过接口开发并保持运营的订阅号和服务号
2. 定期的混合渠道用户互动活动策划（每月至少一次）
3. 智能客服的运营及数据分析
4. 会员互动或促销活动参与人数达1万人
5. 微信运营月度报告

阶段四 Phase 4

会员电商化运营

周期：9— 13个月

1. 经过接口开发并正常运营的双号或多号
2. 定期实施会员互动主题活动1次/月
3. 定期实施商品促销主题活动2次/月
4. 会员互动/促销活动参与人数达1.5万人
5. 微信运营月度报告

阶段五

Phase 5

会员众包及协同运营

周期：13— 18个月

1．粉丝活跃度达300%

2．微信运营月度报告

第六章

互联网金融运营黄金法则

- 赌局：互联网思维 PK 传统思维
- BATM
- 互联网思维
- 互联网金融平台运营六字诀
- 自媒体集群
- 总结

赌局

互联网思维 PK 传统思维

对互联网理解的三种层次

数字化　互联网化　互联网思维

有术无道，止于术
有道无术，术上可求

传统思维：产品到达用户成本巨大，
不得不依赖广告

互联网思维：产品到达用户成本为0，
产品本身就是广告

传统品牌
品牌力优先

明星代言 + 线下路演 + 媒体投放

网络品牌
产品力优先

网络品牌 + 产品体验 + 粉丝社交

传统思维

功能Feature

优势Advantage

价值Benefit

品牌力优先

一点极致，超出预期，给用户惊喜

超越商业价值的强烈的情感关系

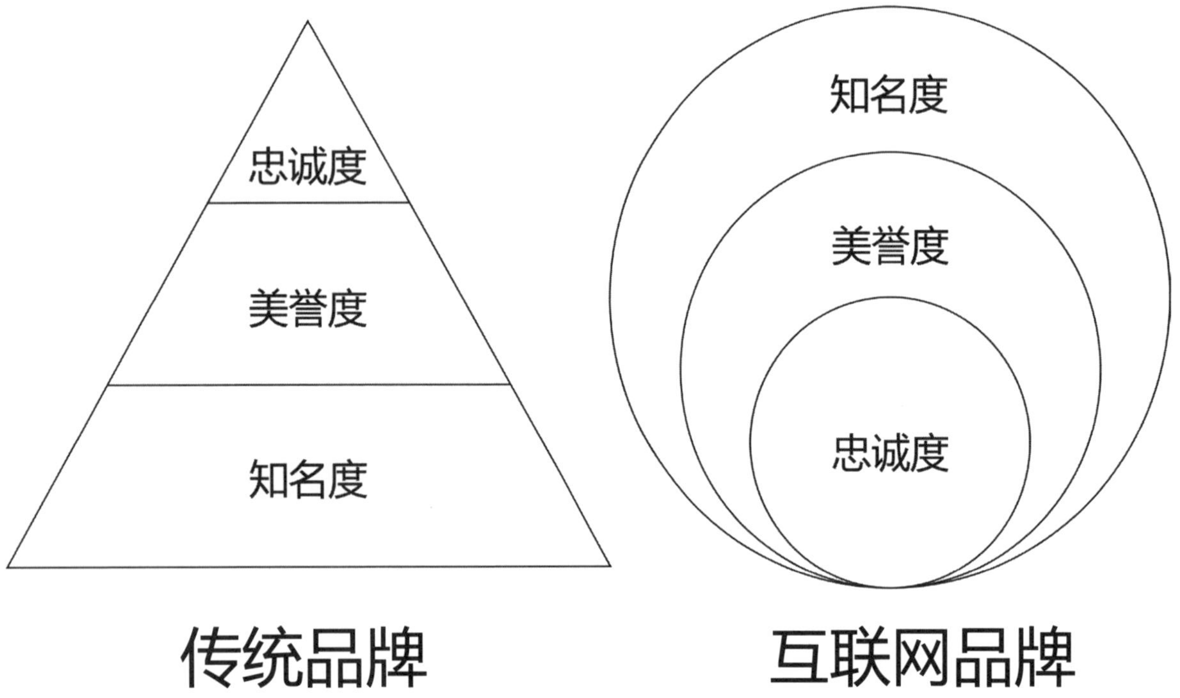
忠诚度
美誉度
知名度
传统品牌
知名度
美誉度
忠诚度
互联网品牌

BATM

小米已成为中国第四大互联网公司，
仅次于腾讯、阿里、百度

注：B为百度，A为阿里巴巴，T为腾讯，M为小米。

用互联网观念改造传统行业

零
库存

零
渠道费

零
营销费

“雷门七字诀”

专注　极致　快　口碑

专注和极致：是产品目标

快：是行动准则

口碑：是整个互联网思维的核心

“互联网思维核心是口碑为王，口碑的本质是**用户思维**，就是让用户有参与感。”

——《参与感》

互联网思维

透明无厚度

不可抵抗、不可反击、无处逃逸

时代规律就是——

互联网思维

其大无外，其小无内

互联网思维下的“**道**”到底是什么？

互联网金融平台运营六字诀

吸粉、互动、转化

哪个最优先？

To be，or not to be，this is a question?

今天营销的核心是**内容营销**：

不是占领用户的眼球，
而是占领用户的嘴巴。

“吸粉”是什么意思？

不要强求不喜欢你的人喜欢你

让喜欢你的人更喜欢你

《周鸿祎自述：我的互联网方法论》

- “没有用户价值，就没有商业价值。”
- “我一直强调，如果要把一件事做成功，你一定要重视**用户价值**，一定要把用户价值放在公司的收入之上。”
- “是**用户**，而不是客户。”

用户=**粉丝！**

他媒体投放：吸粉、吸粉再吸粉
（注册用户）

框 架 广 告：品牌认知、促销产品

一戳之间

移动互联网时代的渠道就在那

转化　截流战略：杀鸡取卵

吸粉　吸粉战略：养鸡下蛋

流量思维：战略懒惰、战术勤奋

成本巨大，本质上是媒体投放思维！
SEM、SEO等等

注：SEM为搜索引擎营销，SEO为搜索引擎优化。

“互动”是什么意思？

“构建参与感，就是把做产品做服务做品牌做销售的过程开发，让用户参与进来，建立一个可触碰、可拥有、和用户共同成长的品牌！”

——《参与感》

吸粉、互动、转化
传播、活动、促销

“他媒体”投放为“自媒体”服务：互动传播！

媒体运用思维

不是投放！是互动传播！吸粉！

“转化”是什么意思？

转化基础是产品

颠覆，以产品为颠覆，
将成为这个时代的常态。

吸粉就是互动与转化
互动就是转化与吸粉
转化就是吸粉与互动

吸粉、互动、转化是一体的！

吸粉+互动+转化=**自媒体**

自媒体就是社会化媒体！

自媒体集群

互联网思维下的生存方式

新四化

一切商业都将互联网化
一切品牌都将人格化
一切消费都将娱乐化
一切流行都将城乡一体化

参与感三三法则

三个战略：做爆品，做粉丝，做自媒体

三个战术：开放参与节点，设计互动方式，扩散口碑事件

“做爆品”是产品战略

“做粉丝”是用户战略

“做自媒体”是内容战略（传播战略）

互联网公司
不一定有互联网思维

理解比知道重要

见识比知识重要

成功的战略：超越趋势形成优势

失败的战略：优势逐渐变成趋势

总结

互联网金融平台运营战略思维：
吸粉、互动、转化
互联网金融平台运营战略方法：
自媒体、自媒体集群
互联网金融平台品牌传播策略：
公关第一，广告第二

第七章

不忘初心　方得始终

新形势下小牛在线的选择与创新

2015年7月18日

建立服务实体经济的多层次金融服务体系，

更好地满足中小微企业和个人投融资需求，

进一步拓展普惠金融的广度和深度。

——《关于促进互联网金融健康发展的指导意见》

2015年9月16日

发展网络借贷　拓宽金融服务新渠道

—— 国务院总理李克强主持的国务院常务会议纪要

初心 = 普

一切为了让金融更平等

惠

一切为了用户体验

小牛在线的业务框架

小牛普惠	牛分期	小牛钱包

截至2015年9月

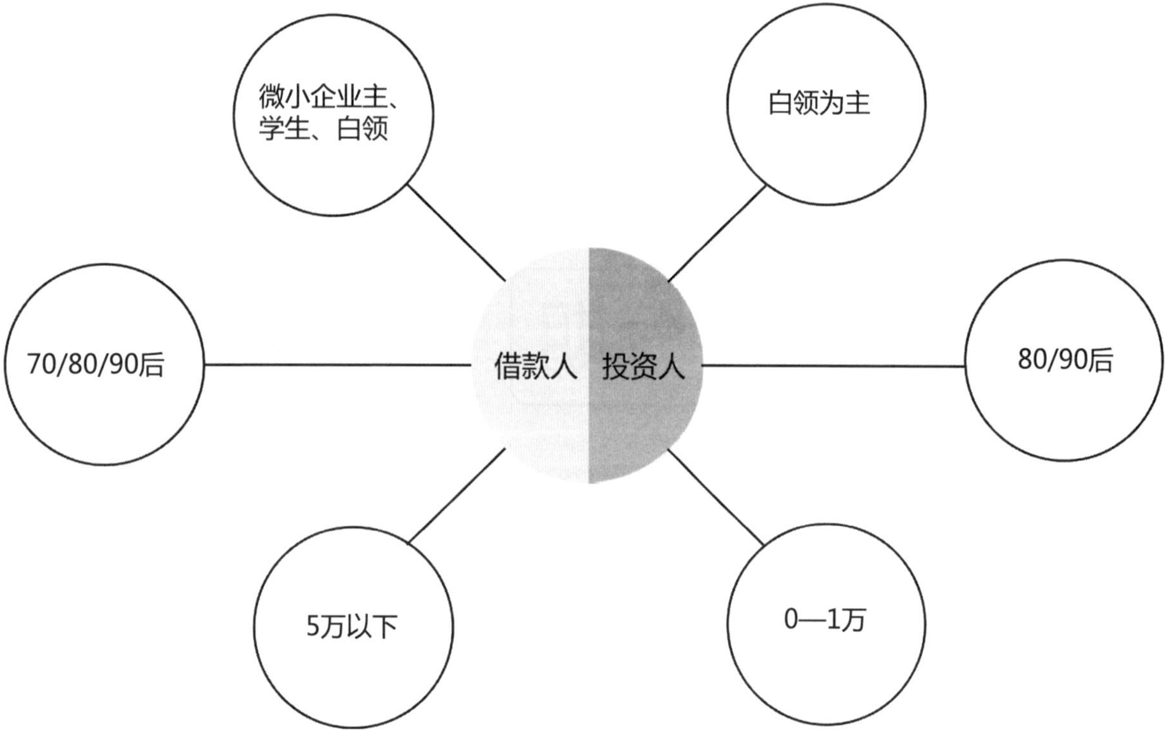
微小企业主、学生、白领
白领为主
70/80/90后
借款人
投资人
80/90后
5万以下
0—1万

200,148人

截至2015年11月5日，小牛在线共帮助200, 148家微小企业主及个人实现融资，累计融资金额1000, 301万元，平均贷款金额：49, 978元。

1153,246人

截至2015年11月5日，小牛在线共帮助1153, 246人实现财富增值，共为投资用户赚取27, 200万元。

投资用户详情

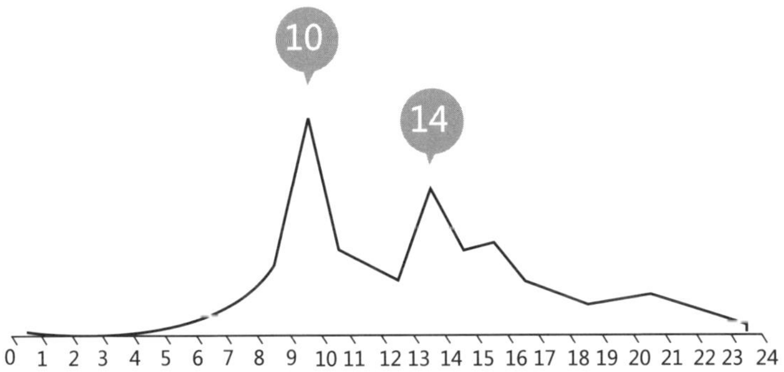

不同时段投资金额分布

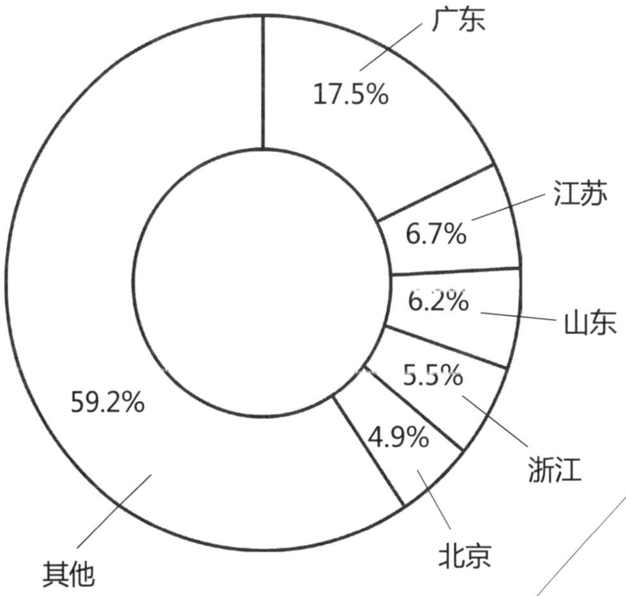

访问地区占比

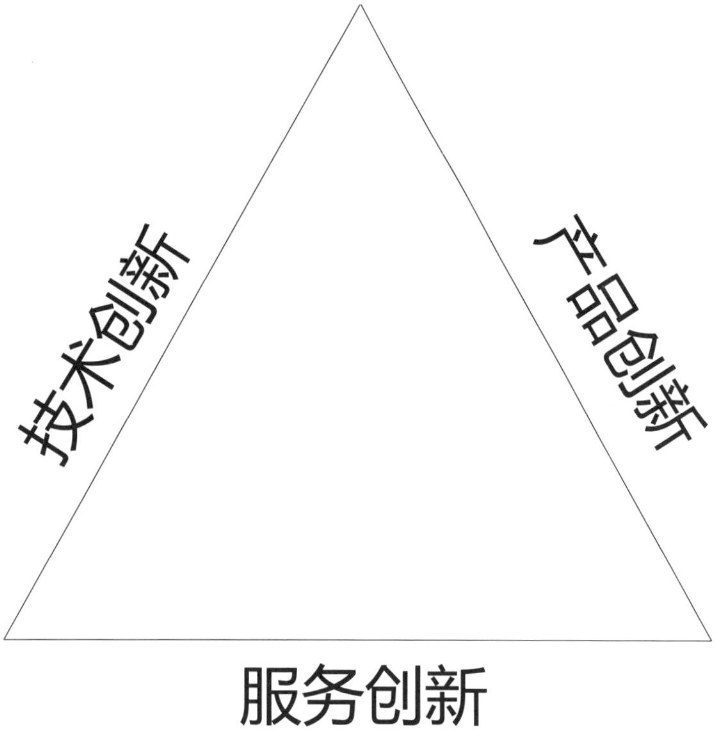
技术创新
产品创新
服务创新

小牛在线技术创新

共享式的大数据风控平台

开放共享式的风控平台

人人都是风控数据获益者，同时也是风控数据产生者

小牛在线技术创新

小牛钱包

建立在大数据基础上的云征信，将会带来小牛在线发展的新模式。

小牛钱包是小牛在线在2015年第四季度推出运用大数据及云计算，客观呈现个人信用状态，通过大数据手段云尽调、云征信、云评级的贷款产品。

牛分期

专注于分期购物和现金消费服务，为用户提供超前的消费贷款体验和分期服务。

小牛在线服务创新

定制化理财服务

依据技术创新和产品创新能力，小牛在线能为小额分散的大众化投资和借款人提供智能化的订制理财服务。

2016年业务分布图

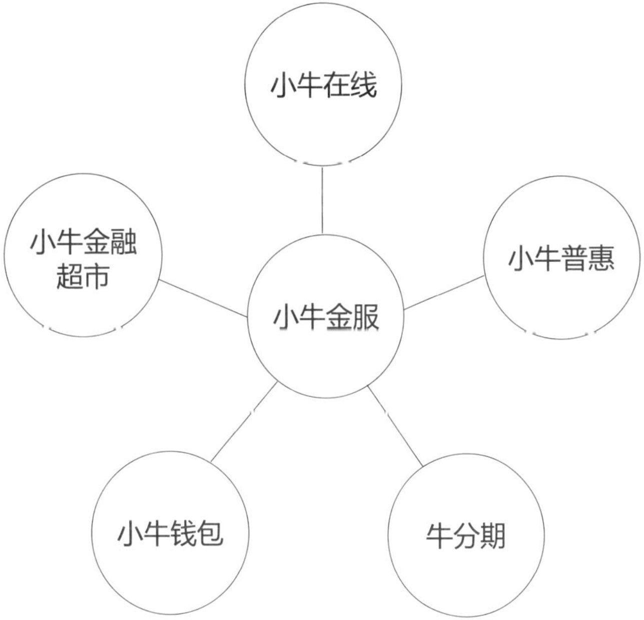

Step 1 互联网金融的**建设者**

Step 2 创新金融和跨界金融的**领导者**

附录

互联网金融研习社入社指南

快，扫码入群！

去哪儿很重要，与谁同行更重要

加入社会化媒体互联网金融研习社，与我们同行这里有全国顶尖的互联网金融讲师、杰出的企业家领袖和耀眼的创业明星，他们的名字让每一个创新者为之震撼尖叫。

这是社会化媒体互联网金融研习社，将在2016年，以燎原之势吸引1000人加入，迅速成长为中国第一互联网金融学习社群。

2016年，研习社将全线升级，以顶级的课程体系、绝无仅有的力度，再度引爆学习狂潮。

课程升级

课程是研习社的核心产品。2016年，研习社怀抱匠人之心，对课程逻辑和结构不断精心雕琢和打磨，不惜巨大成本和投入，设计出三大课程体系：每月分享+年度总结+现场参观，只为奉献最专业、最实用、最顶级的课程给你。

我们坚持史无前例的力度：入社门票为2000元，可免费聆听所有课程，以最尖叫的门票价格学习超震撼的精品课程！

社群升级

2016年，研习社线上线下共同引爆社群，为社员打通资金、人才和用户的连接，助力社员完成创新梦想。

让怀疑梦想的人相信梦想的力量，让拥有梦想的人获得实现梦想的可能，这是研习社的梦想所在。那么，你的梦想是什么？

加入我们，与互联网金融践行者一起，实现梦想。

入社指南

1. 所有课程活动只限研习社社员参加（非社员须先入社，众筹本书用户视为社员）；

2. 入社请添加微信号hjyxs1，备注“我要入社”，根据提示填写相关信息；

3. 入社门票为2000元/年，用于社群建设和社员服务，社员资格从缴费日起一年有效；

4. 支付成功后，邀请进入社员微信群，与我们会合。

众筹英雄榜

田晓华　林嘉鹏　殷　涛　边　江　罗　亮　聂　帅

区志江　黄坚峰　朱有明　陈光伟　吴　勇　杨　坤

王新艳　乌　兰　于博文　王志豪　钟焕祥　罗嘉升